マルクス「資本論」の哲学

物象化論と疎外論の問題構制

長島 功 著

Philosophie des
Marxschen "Kapital"
Isao Nagashima

社会評論社

まえがき

　前著『マルクス疎外論の射程』で筆者は，マルクスの疎外論を①人間的本質の疎外論，②貨幣疎外論および③労働疎外論の三つの流れに分け，②と③の二つの疎外論が後期マルクスに引き継がれ，発展させられていくとし，この継承と発展を辿ることを筆者の次の課題とした。そしてさらに研究を続けていくにつれて，貨幣疎外論が物象化論に転化していくことを突き止めた。そして後期マルクスにおいては物象化論と疎外論は分離して存在すること，ただし両理論はマルクスが経済学研究を始めた1844年当時には疎外論として展開され，『経済学批判』（1859年）においてはじめて物象化論が疎外論から分離したことをつかんだ。

　本書の刊行のきっかけとなったのは，このような課題を前著に記したことだけでなく，私が属している東京唯物論研究会での研究者たちのあいだで物象化論と疎外論の関連に関する関心が高まっていることを感じたためであった。筆者もまた両理論がどのように関連しているかに興味があったので，マルクスの『資本論』とその準備草稿などを研究し，一応の結論に達した。従来は，欧米においてそうであるように，物象化論は疎外論の一種と見なされていた。しかし，『資本論』を読むと，物象化の現象を表現するのに疎外論に固有なfremd（疎遠な）とかentfremdet（疎外された）などの言葉はまったく使用されていないことに気づいた。一方，疎外論については『経済学批判要綱』（1857〜8年）までは労働疎外論と貨幣疎外論が併存していたが，「1861〜63年草稿」に至ってこれらの疎外論は分離し，後者は物象化論〔資本に関する物象化論を含む〕に発展し，前者は労働疎外論としてさらなる理論的発展を遂げていることが分かった。したがって，本書では，物象化論と疎外論の区別と関連を議論するにはマルクスの初期から後期までの経済学研究の草稿等を丁寧に辿っていくことが必要と考え，主要な草稿・著作ごとにその時期においての物象化論と疎外論の理論的内容と両理論の区別と関連を考察した。そして最後に再び，両理論の区別と関連を総括的に論

じ，この問題に関する諸説を検討した。

　最後にこの研究が持っている現代的意義に言及したい。第1は思想史的な意義である。周知のように，マルクスの物象化論が広く知られるようになったのは，ルカーチの『歴史と階級意識』のなかの論文「物化とプロレタリアートの意識」で物化（Verdinglichung）論が展開されたためである。ここで「物象化（Versachlichung）」ではなく，そのかわりに「物化」が中心的概念として取り上げられたことも問題であったが，資本の直接的生産過程における労働の疎外が物化の主体的側面として取り上げられ，それが「労働の物化」として規定されたことが一番の問題であった。つまり労働の疎外は，マルクスにおけるように，労働手段が労働そのものに対抗してくる事態としてではなく，労働の物化として，すなわち労働の抽象化および合理化として把握され批判されることとなった。これはルカーチの物化論の独自性ではあるが，マルクスの疎外論の理解としては正しくなく，それを歪めるものであった。というのは，この労働の物化論にはマックス・ウェーバーの合理化論が影響していたからである。そしてルカーチのこの物象化論とも疎外論とも呼べないこれらの混合物がその後のフランクフルト学派の思想の方向を決定づけることとなった。ただしルカーチがマルクスの物象化論と疎外論を正しく理解することができなかったのは，『経済学・哲学草稿』や「J・ミル評註」などの初期の草稿および『経済学批判要綱』などの資本論の準備草稿を読むことができなかったという決定的な歴史的事情によるものであった。また当時のマルクス主義の実証主義化と第1次世界大戦と第2次世界大戦の戦間期という精神的文化的状況もマルクスの両理論の正確な理解を妨げるように作用したのかもしれない。このようにルカーチがマルクスの労働疎外論を労働物化論として解釈および展開したことが，フランクフルト学派を中心とする西欧マルクス主義の社会学化とヘーゲル主義化をもたらした一因であるというのが筆者の現在の見解である。そうであればこそ，マルクスの本来の物象化論と疎外論を発掘して，それらを現代的に再構成するきっかけを作ることは，ナチスの支配と東西の分断という悲劇の下に置かれた西欧マルクス主義の苦難を乗り越え

て，マルクス主義の現代的再生を図る試みの一助となるのではないかと考える。

　もう一つの現代的意義は，マルクスの物象化論と労働疎外論の研究が現代の資本主義の金融化と労働者のさらなる貧困化の解明に一定の理論的な貢献を提供できるのではないかということである。周知のように資本主義経済の金融化は資本の物象化の極致である利子生み資本のいっそうの発展の結果である。したがって，経済の金融化を資本の物象化の発展ととらえることによって，金融化の根源を理論的に突き止めることができるであろう。さらにまた経済の金融化とともに進行している文化，教育および言語における物象化の解明に原理的な理論を提供することができるであろう。他方で，貧困化論の哲学的根拠であるマルクスの労働疎外論の新たな発掘は，産業革命時とは異なる形態で進行している労働者の貧困化の現代的形態——慢性的な失業，ワーキング・プア，派遣社員などの非正規労働者の増加および正規社員の減少等々——と過労死を招くほどの労働者酷使の実態の理論的解明にも貢献することが期待できる。さらにマルクスがその原理を基礎づけた「経済的疎外」または「労働疎外」の理論は、社会的疎外、心理的疎外ならびに文化的疎外などの現代社会で生じている新しい形の疎外の理論的解明にも役立つものと信じている。

凡　例

1　マルクスの書いたものからの引用は，次の略記号を用いた。
　・MEGA ＝ Marx/Engels Gesamtausgabe. なお『経済学・哲学草稿』のMEGA版はAbteilung Ⅰ/2に2種類の版が掲載されているが，本書では「第1草稿」が3欄並記で表示されているErste Wiedergabeの頁数を記す。
　・MEW ＝ Marx/Engels Werke.
　・DI ＝ Marx-Engels Jahrbuch 2003, Die Deutche Idelogie, Akademie Verlag, 2004.
2　マルクスの原文の邦訳は，既存の邦訳書を参考に筆者が作成したものである。
3　引用文中の傍点（○○○）は原著者によるものであり，本文および引用文中の傍点（○○○）は筆者によるものである。
4　訳語の原語を示す場合には（　）内に記した。
5　本文および引用文中の〔　〕は筆者による補足である。

マルクス「資本論」の哲学　目次

序　論 ───────────────────────── 15

第1章　『パリ手稿』の物象化論的見方と疎外論 ─── 20

第1節　『経哲草稿』「第1草稿」における
　　　　物象化論的見方と疎外論　20
　（1）「第1草稿」前段の「所得の三源泉の対比的分析」　20
　　　a「労賃」欄
　　　b「資本の利潤」欄
　　　c「地代」欄
　（2）「第1草稿」後段の「疎外された労働」断片　25
　　　a「疎外された労働」の基本規定
　　　b 労働者からの生産物と生産手段の分離
　　　c 労働者の自己疎外
　　　d「類的本質・存在（Gattungswesen）」論
　　　e 人間からの人間の疎外
　　　f「私的所有」は「疎外された労働」の結果である
　　　g 経済学的カテゴリーの展開
　　　h「疎外された労働」の歴史的起源
　　　i 労働者の労働の疎外により資本家は労働を領有する

第2節　「J・ミル評註」の物象化論と疎外論　33
　（1）貨幣の本質　33
　（2）貨幣は物象化に固有の転倒現象をもたらす　34
　（3）交換・交易は社会的交通の疎外された形態である　35
　（4）市民社会では類的行為は疎外されて交換取引として現われる　38
　（5）交換関係の下では労働は「金を稼ぐ営利労働」となる　39
　（6）私有財産は価値になる　40
　（7）貨幣は疎外された物象の完全な人間支配を表わす
　　　（物象化論の端緒的形成）　40

第3節　『経済学・哲学草稿』「第2・第3草稿」の疎外論　42
　（1）「第2草稿」の疎外論　42

（2）「第3草稿」の疎外論　45
　（3）マルクスの「人間的本質」の疎外論　53

補論1　廣松渉によるマルクス疎外論把握の批判——— 56
　（1）マルクスの疎外論はヘーゲルの疎外論の踏襲ではない　56
　（2）マルクスの疎外論に特別な主体概念はない　59
　（3）マルクスの疎外論は「本然的状態」を設定していない　61

第2章　『ドイツ・イデオロギー』と物象化論・疎外論——— 64

第1節　「フォイルバッハ・テーゼ」と物象化論・疎外論　64
　（1）「第4テーゼ」と疎外論　64
　（2）「第6テーゼ」と物象化論・疎外論　66
第2節　『ドイツ・イデオロギー』における物象化論と疎外論の混在　70

補論2　岩淵―廣松論争の検討——— 73
　（1）論争の概要　73
　　a　岩淵氏の廣松批判
　　b　廣松氏の反批判
　　c　岩淵氏の再批判
　（2）両者の主張の検討　78
　　a　『ドイツ・イデオロギー』における疎外論批判はマルクスの自己批判であるか？
　　b　「類」や「人間」などの哲学的表現の使用は止めた
　　c　「人間の自己産出」論の批判と自己批判
　（3）哲学的意識の清算とは何か　83

第3章　『経済学批判要綱』の物象化論と疎外論——— 86

第1節　経済学批判要綱』の物象化論　86
　（1）人格と人格との社会的関連の物象化としての貨幣　86
　（2）人間社会の3段階把握―依存関係史論　90
第2節　『経済学批判要綱』の疎外論　92

（1）労働の対象的諸条件からの労働者の分離としての疎外　92
　（2）所有と労働の関係からみた歴史の3段階把握としての疎外論　94
第3節　人類史の3段階把握と物象化・疎外　96

第4章　『経済学批判。原初稿』と『経済学批判』の物象化論と疎外論 ─── 103

第1節　『経済学批判。原初稿』の物象化論と疎外論　103
　（1）『経済学批判。原初稿』の物象化論　103
　（2）『経済学批判。原初稿』の疎外論　105
第2節　『経済学批判』の物象化論と疎外論　108
　（1）『経済学批判』の物象化論　108
　（2）『経済学批判』の疎外論　112

第5章　「1861〜63年草稿」の物象化論と疎外論 ─── 114

第1節　商品・貨幣論における物象化論と疎外論　114
第2節　「資本の生産過程」章における物象化論と疎外論　116
　（1）「貨幣の資本への転化」論における物象化論と疎外論　116
　　a　資本と労働の交換
　　b　資本のもとへの労働過程の形態的包摂
　（2）「相対的剰余価値の生産」の理論における物象化論と疎外論　125
　　a　協業
　　b　分業
　　c　機械，自然諸力と科学の応用
　　（ⅰ）　機械制作業場（工場）
　　（ⅱ）　資本への労働過程の実質的包摂
　　（ⅲ）　科学の応用と科学の自立化
　　（ⅳ）　疎外とその止揚
　　（ⅴ）　資本主義的生産における物象化

第6章　『資本論』の物象化論と疎外論 ─── 152

第1節　概説　152
第2節　商品論における物象化　155

第3節　貨幣論における物象化論　161
第4節　資本の理論における物象化論と疎外論　164
　（1）貨幣の資本への転化　164
　（2）絶対的剰余価値の生産　167
　（3）相対的剰余価値の生産　170
　　　a　相対的剰余価値の概念
　　　b　協業
　　　c　分業とマニュファクチュア
　　　d　機械制大工業
第5節　資本蓄積論における疎外論　176
第6節　利潤論における物象化論　178
第7節　利子生み資本における物象化論　179
第8節　「三位一体範式」における疎外と物象化　181

第7章　マルクスの物象化論と疎外論の理論的内容と諸説の検討 ─── 185

第1節　マルクスの物象化論の理論的内容と諸説の検討　185
　（1）物象化・物化・物神性　185
　　　a　商品における物象化・物化・物神性
　　　b　貨幣における物象化・物化・物神性
　　　c　資本における物象化・物化・物神性
　（2）「人格の物象化」と「物象の人格化」　192
　　　a　商品における「人格の物象化」と「物象の人格化」
　　　b　貨幣における「人格の物象化」と「物象の人格化」
　　　c　資本における「人格の物象化」と「物象の人格化」
　（3）諸説の批判的検討　198
　　　a　佐々木隆治のマルクス物象化論解釈の検討
　　　b　平子友長のマルクス物象化論解釈の検討
第2節　マルクスの疎外論の理論的内容と諸説の検討　203
　（1）貨幣論における「広義の疎外論」　203
　（2）資本の理論における疎外論　205
　　　a　「貨幣の資本への転化」論における疎外論
　　　b　「絶対的剰余価値の生産」論における疎外論

　　　　c「相対的剰余価値の生産」論における疎外論
　　　　（ⅰ）　労働の実質的疎外
　　　　（ⅱ）　労働者の精神的能力の疎外
　　　　d　疎外論と貧困化論
　　　　e　労働疎外論と技術的疎外論
　　（3）諸説の批判的検討　209
　　　　a　佐々木隆治の疎外論把握の検討
　　　　b　田上孝一の疎外論把握の検討

第8章　マルクスの物象化論と疎外論の区別と関連と諸説の検討 ─── 214

第1節　疎外論からの物象化論の分離過程　214
　　（1）『パリ手稿』──疎外論の衣をまとった物象化論── 214
　　（2）『ドイツ・イデオロギー』──疎外論と物象化論の混在── 214
　　（3）『経済学批判要綱』──疎外論と物象化論との混淆── 215
　　（4）『経済学批判。原初稿』と『経済学批判』
　　　　　──疎外論からの物象化論の分離── 216
　　（5）『61〜63年草稿』
　　　　　──物象化論による貨幣の理論的導出への転換── 217
　　（6）『資本論』
　　　　　──価値形態論による物象化論的な貨幣の導出── 218
第2節　マルクスにおける物象化論と疎外論の区別　218
　　（1）物象化論の地平　218
　　　　a　商品における物象化論の地平
　　　　b　貨幣における物象化論の地平
　　　　c　資本における物象化論の地平
　　（2）疎外論の地平　221
　　（3）物象化論と疎外論の区別　223
第3節　マルクスにおける物象化論と疎外論の関連　224
　　（1）物象化論と疎外論の第1の関連　224
　　（2）物象化論と疎外論の第2の関連　226
第4節　資本主義社会における物象化と疎外　228

第5節　諸説の批判的検討　229
　　（1）平子友長の所説の検討　230
　　（2）張一兵の所説の検討　231

あとがき ──────────────────────── 235

索　引 ──────────────────────── 237

序　論

物象化論について

　マルクスに物象化論があると言われるのは,「物象化（Versachlichung）」または「物化（Verdinglichung）」の用語が使用されている〔『資本論』において前者は4回,後者は2回〕からである。しかし,物象化が何かを説明した記述はない。つまり「物象（Sache）」と「物象的（sachlich）」および「物（Ding）」と「物的（dinglich）」という言葉が用いられて,ある事態が叙述されているときに,マルクスはここで物象化論を展開している,というわけである。では「物」と「物象」の違いは何か。前者は自然的対象としての存在であり,英語の thing に相当する。後者は「事物」,「事柄」ないしは「物件」と言い換えることができる。後者はいわば「社会的な性質をもつ物」を表わすと言ってよい。経済の世界を例にとれば,使用価値としての商品が「物」であるのに対して,交換価値としての商品は「物象」であると言ってもよいだろう。というのは,交換価値をもつ商品は,他の商品と交換可能であるので,商品を交換する商品生産者たちの労働の社会的関係がその商品に対象化されているからである。

　また Sache はもともとヘーゲルの『法の哲学』において Person（人格）が所有または占有する対象,その欲求を満足させる対象を意味しており,「人格（Person）」の対語として用いられていた。このような Sache の用法はマルクスのそれに近似している。またそのため Sache を「物件」と訳し,Versachlichung は「物件化」と訳した方がいいという研究者もいる。他方,Ding は,ヘーゲルの『精神現象学』においては「感覚的確信と知覚の物（Ding）」(Hegel Werke Bd.3, S.304) として言及されているが,それは「感覚的な物（sinnliche Dinge）」(Ebd., S.91) と規定されている。したがって,ヘーゲルの Ding はフォイエルバッハが直接的に確実な存在とした「感性的なもの（das Sinnliche）」

(Feuerbach, *Grundsätze der Philosophie der Zukunft*, §38) に相当すると言ってよい。

　それに対し，Versachlichung と Verdinglichung という概念はヘーゲルにはない。ただし，それに似た次のような表現が『精神現象学』にある。①「自己を物にすること（des sich zum Dinge Machens）」（Hegel Werke Bd.3, S.266）。初期のマルクスにも次のような似た表現がある。②「労働の生産物は ……　物象化された労働（die Arbeit, die … sachlich gemacht hat）である」（MEGA Ⅰ／2, S.365）。①は「物化（Verdinglichung）」と言い換えられるが，それは自己意識〔人間〕の活動が外化（Entäusserung）によって対象的な物になることであり，それは労働生産物だけでなく芸術作品などの「普遍的作品（das allgemeine Werk）」（Hegel Werke Bd.3, S.326）となる。②の「物象化された労働」は「対象化された労働」という労働生産物の定義にすぎない。ヘーゲルにおいて「物象化論」が展開されているのは『法の哲学』においてである。それは人間的活動の「物件化」として論じられている。すなわち，客観的精神の第2段階である近代市民社会は欲望の体系であり，市民たちは物を欲望の満足のための手段と化し，物件〔商品〕を交換するだけでなく，金儲けの追求を究極の目的として活動〔商売〕が行われる。こうしたヘーゲルの市民社会把握は，貨幣という物象が人間の活動を支配するという「物象化」に固有の転倒された事態を的確にとらえている。

　ところで，Versachlichung を「物象化」とはじめて訳したのは廣松渉である。彼がそう訳したのは，「物象化」とは，人格と人格との社会的関係が物の属性として現われて（そう現われた物は物象であるが）見える現象を指すと考えたからである。しかし，そう「現われて見える」のではなく，実際に経済的世界ではそう「現われる」のである。したがって，本来 Versachlichung は「事物化」または「物件化」と訳すべきである。しかし，今では「物象化」という言葉が日本のマルクス研究者の世界では定着していて，各種の事典の類でもこの用語で掲載されているので，本書でもその表現にしたがう。なお本論におけるマルクスの

原文の邦訳の仕方に関して一言しておくと，Sache を「事物」と訳したほうが日本語として自然な場合でも，原語を予想させるために敢えて「物象」と訳し，また Person も「人」と訳したほうが日本語として自然な場合でも敢えて「人格」と訳した。その方がドイツ語の原語を記す手間が省けるだけでなく，読者に混乱を与えなくてすむと考えたためである。

疎外論について

　一方，マルクスに疎外論があると言われるのは，「疎外（Entfremdung）」と「疎外する（sich entfremden）」または「疎外された（entfremdet）という言葉が使用されている〔『資本論』において前者は 9 回，後者は 8 回〕からである。しかし，物象化論と同じく，疎外が何かを説明した記述はない。そしてしばしば「疎外」という概念は「外化（Entäusserung）」と「譲渡（Veräusserung）」の概念と並べて用いられ，それらの動詞形の「外化する（sich entäussern）」と「譲渡する（veräussern）」も頻繁に使用されている。この点からすると，これらの三つの用語はともに「疎外論」に包摂される概念であると言えよう。本書では「疎外」の概念に限らず「外化（Entäusserung）」または「譲渡（Veräusserung）」の概念を用いて展開される理論を「広義の疎外論」と見なすことにする。

　さてもともと Entfremdung と Entäusserung は，ラテン語の alienatio のドイツ語訳として生まれた言葉であり，古代ローマ法で「権利を（他人の手のもとに）奪うこと，（他人の手のもとに）遠ざけること」という意味で使用されていた。それが近代の社会契約論のなかで用いられ，英語の alienation およびフランス語の aliénation と表現されるようになった。それは臣民〔人民〕の自然権〔主権〕を社会，支配者または政府へ「委譲」することを意味するものだった。ホッブスのリヴァイアサンは臣民の自然権の完全な譲渡（alienation）を通じて誕生するものであったし，ルソーにおける社会契約の条項も，各人をそのすべての権利とともに共同体に対して「全面的に譲渡すること（aliénation totale）」

を含むものだった。このように「疎外」は，はじめは「各人が主権を統治者に委譲すること」を意味する法的用語として用いられたのである。

　ドイツ語の Entfremdung または Entäusserung が最初に哲学的な意味で使用されるようになったのは，フィヒテにはじまるドイツ観念論においてであったと言われるが，これらの語を自己の哲学体系のキーワードとして用いたのはヘーゲルである。ヘーゲルにとって「疎外」は「自己疎外（Selbstentfremdung）」である。自己疎外とは，ヘーゲルにおいて〔カントとは異なり〕認識が自己認識であるのと同様に，主体としての自己意識〔人間のこと〕が，自己に対して疎遠に立ち向かう現実をその自己の活動によって生成したものとして把握することによって，その現実を自己のものとして獲得し，それによって自己をより豊かな高次の精神にしてゆく過程である。すなわち，自己意識は，その現実を自己のものとして獲得するためには，いったん自己意識が自己を否定して自己とは異なる「他在（Anderessein）」を自己に疎遠な（fremd）ものとして「疎外または外化する＝自己の外に定立する」ことをしなければならないからである。したがって，ヘーゲルにおいては，疎外は疎外だけで終わるのでなく，疎外されたものの自己への還帰ないしは獲得，すなわち疎外の止揚（Aufhebung）を必然的に伴うものでなければならないと見なされている。

　したがって，この哲学的な意味での疎外は，主体が何であれ，「本来的〔本源的〕な統一　⇒　分裂　⇒　再統一」という主体が経過する三つの段階を想定していると言えよう。この点はマルクスにおいても同様であるが，マルクスの場合には，ヘーゲルとは違って，主体は自己意識という観念的な存在ではなく，労働する人間という自然的な存在である。だから先に述べた「本来的〔本源的〕な統一」と言ってもそれは観念的なものではなく実在的なものである。それゆえ，マルクスの「疎外」は，「労働する人間」の疎外である点で，第1に「労働の疎外」である。「人間の疎外」は「労働の疎外」から生じるのである。そしてこの「労働の疎外」が何であるかは本論で展開する。

　なおここであらかじめ，ほぼ同じ意味を持つ類語，すなわち①「疎外

(Entfremdung)」，②「外化 (Entäusserung)」および③「譲渡 (Veräusserung)」の微妙な意味の違いについて説明しておきたい。法的・経済的意味においては，3語とも類似の意味があり，それぞれ自己の主権ないし商品・労働を①「他人のものにする」，②「手放す，放棄する」，③「(誰かに) 譲り渡す」ことを意味する。したがって，①と③の意味はほとんど違わないが，②は「自分から手放す」だけで，「誰かに譲り渡す」ことまでは含意していない。哲学的概念としては，③はそのような概念として使われることはほとんどない。それにたいして①と②は哲学的に類似の意味で使用される。②「外化」は「外在化」とも訳され，主体〔主観〕－客体〔客観〕関係において主体の内部にあるものが主体の外部に出され客体となることを指すが，ヘーゲルの場合には客観となったものが主観に立ち向かうという③「疎外」の意味はない。「外化」は，むしろヘーゲルの哲学体系に関わる基本的な概念である。すなわち，学の第1部をなす「論理学」の最後で，論理的理念は「決意」をし，自己を外化して自然を生成させる。自然は理念が外化されたものとして「他在という形式における理念 (die idee in der Form des Andersseins)」である。さらに論理学から学の第2部門としての自然哲学への移行，つまり論理的理念の自然への外化という学的展開は，そのまま神の天地創造を表わしている。この意味で神は世界精神である。しかし，神はこの外化すなわちその単なる論理的存在の否定を再び止揚して自己に還帰し，最後には絶対精神となる。蛇足だが，しかし，こうした学的展開を文字どおり，絶対精神の歴史における生成過程と同一視することは，ヘーゲル哲学の保守的・神学的解釈につながるおそれがある。もちろん，もともとヘーゲル哲学にはそうした解釈を許す側面はあるが，むしろ「外化とその止揚」の概念は，歴史が「否定の否定」の形式をとって人類がより高次の段階に発展する過程を表わしたものと解釈する方がヘーゲル哲学，ひいてはドイツ古典哲学の積極的・進歩的側面を摂取するためにも必要であると考える。

物象化論と疎外論の区別と関連について

　以上の「物象化」と「疎外」の概念に関する初歩的な説明から，物象化論と疎外論の区別と関連がどこにあるかはおおよそ見当がつくはずである。この区別と関連は次にあげる3点から予想できるはずである，すなわち，第1に，両理論は資本主義的生産様式とそれに照応する〔社会的な〕生産諸関係を特徴づける理論であること，第2に，物象は労働の結果ないし成果であること，第3に，マルクスにとって「疎外」とは主として「労働の疎外」であること，である。すでに述べたように，疎外に関わる概念も物象化に関わる概念もすでにヘーゲルによって使用されているが，本書においては，これらの概念とそれらをもとにしたマルクスの理論を，ヘーゲルにおけるその概念や理論のあり方とは関係なく，あくまでマルクスの下での物象化論と疎外論の形態として，マルクスの叙述に即して分析し検討することとしたい。したがって，本書ではマルクスの草稿や著作からの引用文が多く掲げられているが，それもマルクスの叙述の正確な分析に基づいてマルクス自身も自覚していないかもしれない両理論の区別と関連をつかむという筆者の研究志向によるものである。

　さて，本論では最初の六つの章でマルクスの物象化論と疎外論の形成過程を，第7章と第8章で両理論の理論的内容の分析と検討を行う〔ただし，『直接的生産過程の諸結果』に関しては，そこに物象化と疎外に関するマルクスの見解がまとめて述べられているので，独立の章は設けず，最後の二つの章で扱うことにする〕。次にこれらの議論を理解しやすくするために，それに先立って本書で筆者が念頭に置いているマルクスの物象化論とは何か，およびマルクスの疎外論とは何かについて大筋を示しておきたい。

　マルクスの物象化論は，資本主義的生産では人間と人間の社会的生産諸関係が商品，貨幣および資本において物象または物ないしは物の属性として，あるいはそれらの物象や物どうしの関係として現われること，またそれだけでなくこのような現象の結果として，本来は主体である人間が客体である物象や物に支配されるという主客の転倒が生じること，

を指している。このような物象化論は，公刊されたマルクスの文献ではまず『経済学批判』（1859年）の商品章で確立したが，理論的に明確に定式化されたのは『資本論』の商品章であった。もちろん物象化論的な見方はマルクスの初期の『パリ手稿』と『ドイツ・イデオロギー』から中期の草稿『経済学批判要綱』にも見られたが，そのような観点は疎外論の形式をとって表わされたか，または疎外論と区別されずにそれと混合して表現されていた。したがって，物象化論はマルクスの初期の研究段階よりも後期のそれにおいての方がより目立つようになり，明確化してきたと言える。

　それに対して，マルクスの疎外論は，逆にマルクスの初期の研究段階の方により顕著に現われ，後期になると表現の上では目立たなくなり，不明確になるように思われる。従来の研究書・論文や概論等ではマルクスの疎外論といえば，『経済学・哲学草稿』で述べられた「疎外された労働」の四つの規定〔①労働生産物の疎外，②労働行為の疎外，③類的本質〔存在〕の疎外，④人間の人間からの疎外〕が取り上げられ，またはそれで代表させられ，『資本論』段階の後期マルクスにも疎外論があることが見逃され，疎外概念が明確に存在する『要綱』の疎外論の研究もわずかしかない有様である。しかし実際には，最初の六つの章で示すように，初期マルクスの「疎外された労働」論は中期マルクスから後期マルクスにかけてより経済理論的に明確化されていく。そしてその主たる理論的内容は，資本主義的生産において①労働の対象的諸条件から労働が分離・疎外されること〔『要綱』〕，②労働過程においてもともとは労働そのものによって生み出され対象化された生産物である生産手段が労働そのものに対抗してくること〔『要綱』〕に集約される。

　以上のような物象化論と疎外論の大筋の理解を前提に，本論におけるマルクスの物象化論と疎外論の形成過程および両理論の区別と関連に関する考察に入っていきたい。

第 1 章 『パリ手稿』の物象化論と疎外論

　『パリ手稿』とは，マルクスが1844年にパリに滞在した際に書き留めた経済学文献の抜粋と評註からなる「経済学ノート」，いわゆる「パリノート」の中の重要な評註である「J・ミル評註」（以下，「ミル評註」）と同年中に書かれた『経済学・哲学草稿』（以下，『経哲草稿』）をそれらの予測される執筆順序に従って編集したものを指す。「ミル評註」と『経哲草稿』の各草稿の執筆順序はまだ確定されていないが，N・ラーピンによるその推定[1]，すなわち，「①『経哲草稿』第1草稿 → ②「ミル評註」→ ③『経哲草稿』第2・第3草稿」という執筆順序が定説となっている。その他に諸氏によって異なる執筆順序の推測も出されているが，ラーピンによるこの推定が定説となっているので，本書ではこの執筆順序に従ってそれらにおける物象化論と疎外論〔ただしそれらの理論があると仮定してのことだが〕を辿っていきたい。

第1節　『経哲草稿』「第1草稿」における物象化論的見方と疎外論

（1）「第1草稿」前段の「所得の三源泉の対比的分析」

　『経哲草稿』の「第1草稿」は二つの部分に分かれており，前段には「労賃」，「資本の利潤」および「地代」という表題の下に三つの部分からなる文章が並列されて書かれている。ラーピンの考証によると，マルクスはまず「資本の利潤」から書きはじめ，「労賃」部分を最初に書き終え，最後に「地代」部分で前段を書き終えたという。マルクスは三つの欄を並行して書いたが，ラーピンによると内容や引用文献から見て，マルクスの執筆は時間的に三つの階梯に分かれているという。しかし，

その階梯に従ってマルクスの思考を辿ることは煩雑でもあるので，最初の書き終わりが「労賃」欄であり，前段全体の書き終わりが「地代」欄であることを考慮して，「労賃」欄，「資本の利潤」欄および「地代」欄の順に見ていきたい。

a 「労賃」欄

冒頭でマルクスは，労働者にとって致命的なのは，資本と土地所有〔地代〕と労働の分離であること，を指摘する（Vgl. MEGA Ⅰ / 2, S.190）。後年，『経済学批判要綱』でマルクスは，「労働の対象的諸条件と労働の分離」を資本主義的生産の成立の歴史的な前提の一つと見なし，『資本論』ではそれを「疎外」と見なした（Vgl. MEGA Ⅱ /4.2, S.846, MEW Bd.23, S.832）。しかし，経済学研究をはじめたばかりの『経哲草稿』の段階では，「労働の対象的諸条件」という概念はまだ確立していないため，労働の対立物として直接的に現われてくる「資本」との労働の分裂が労働者の窮乏の原因と見なされたのであろう。これと同じ表現は，エンゲルスの「国民経済学批判大綱」からの抜粋ノートに見られる。そこにはこう書かれている。「土地と人間との分裂。人間的労働の労働と資本への分裂」（MEGA Ⅳ / 2, S.486）。したがって，これらの生産の3要素の分離を労働者にとって致命的だと見なすマルクスの思想〔これは疎外論の端緒である〕は，エンゲルスから示唆を受けたものであろう。

「第1草稿」では，後述するように，後段の「疎外された労働」断片において疎外論が「労働疎外論」として最初に展開されている。そこでは，労働の疎外の第1，第2規定として挙げられた①「労働者の労働生産物からの分離」，②「労働が自己のものではなく他人のものであり，そのために労働が強制的な労働である」という点が以下のように語られている。「労働者の手から彼の生産物がますます多く奪い取られ，労働者自身の労働がますます他人の所有（fremdes Eigentum）として労働者に立ち向かってくるようになる」（MEGA Ⅰ / 2, S.197）。

次に労働者の窮乏の原因が，労働が「一面的で抽象的な労働〔「機械の使用によって単純化された機械的運動としての労働」の意味〕」と

なっているという「今日の労働そのものの本質（Wesen）」にあることが洞察される（Ebd., S.208）。労働のこのような規定は，「疎外された労働」の第2規定としての「強制的な労働」とは異なるが，『資本論』第1巻で描かれた工場労働の疎外された在り方を表現しているものであり，一種の労働疎外論と見なすべきである。というのは，「労賃」欄で「このように人類の大部分が抽象的労働に還元されることは，人類の発展においてどのような意味をもつのか？」（Ebd.）という問いが発せられているが，この問いは，後段の「疎外された労働」断片で，「この〔労働の〕疎外はどのように人間の発展の本質のうちに基礎づけられるのか？」（Ebd., S.246）という問いに言い直されているからである。つまり「抽象的労働」は「労働の疎外」，マルクスの言葉でいえば「疎外された労働」であると再解釈されているわけである。

　前述のような「今日の労働そのものの本質」をマルクスは，「国民経済学においては，労働が，ただ営利〔金を稼ぐ〕活動（Erwebstätigkeit）という形態の下でしか現われない」ことのうちに見る（Ebd. S.208）。この段階では，工場労働，賃労働としての「疎外された労働」が「金を稼ぐ営利活動」と理解されていたことに注意する必要がある。「ミル評註」でも商品生産者の労働がこれと同じような「営利〔金を稼ぐ〕労働」（Erwebstarbeit）と規定されている（Vgl. MEGA Ⅳ/2, S.455）。つまり，賃労働も商品生産者の私的労働も区別なく同じように「金を稼ぐ営利」活動・労働として規定されているのである。ここまでが「労賃」欄における疎外論の端緒をなすとみられるマルクスの労働認識である。

　一方，物象化論的な見方の萌芽も垣間見える。というのは，マルクスはフランス人経済学者のペクールの著書に「〔労働者は〕自分の労働を賃貸しする」（MEGA Ⅰ/2, S.222）という言葉を見出し，時間決めで労働を売る賃労働の存在をすでに確認していたと思われるからである。さらに「労働は一つの商品である」というフランス人経済学者のビュレの言葉を「抜粋ノート」から見つけたあとで，マルクスは，「国民経済学は抽象的に労働を一つの物象（eine Sache, フランス語 chose の訳語）

としてとらえる」(Ebd., S.224) と述べている。マルクスが労働をこのようにとらえたのは，労働〔正しくは，労働力〕が，他の生産物と同様に，需要と供給の変化に左右される価格〔すなわち賃金〕をもつ一つの商品であると認識したからであろう。こうしたマルクスの労働把握は，労働力を商品という物象と化す資本主義的生産関係の物象化的本質をかなりの程度までとらえていたと言えよう。

b 「資本の利潤」欄

この欄には注目すべきマルクスの評註はないが，引用部分にマルクスの物象化論的見方を垣間見ることができる。すなわち，先述のビュレの著書からの次のような引用文が注目される。

> 「労働者の労働を，辛うじて最低生活を維持するような低い価格で買い入れる雇用主に，その賃金不足や長時間労働についての責任があるわけではない。雇用主自身がみずからに課す掟に従っているだけなのである。 …… 貧困を引きおこす源は人間ではなくて物象の力 (la puissance des choses〔先述の箇所でマルクスは chose を Sache と訳した〕) である」(Ebd., S.222)。

マルクスがこの引用文で注目したのは，労働者の貧困と長時間労働という過酷な労働は，雇用主の人格に帰されるべきものではなく，雇用主と労働者が結んだ雇用契約によるものであること，すなわち労働力の売買という貨幣〔物象〕を通じた取引，言い換えれば，雇用主と労働者の物象的な関係にあるということである。ここにもマルクスにすでにこの段階で物象化論的見方が存在していたことが分かる。

c 「地代」欄

この欄にはマルクスによる三カ所の評註のなかに物象化論的な観点が見られる。第1は，スミスが土地の豊度の大小によって地代が高低すると主張したこと，すなわち「地代を土地の豊度の大小に還元させている」ことのうちに「国民経済学における概念の転倒」を見ていることである。つまりスミスは，それによって「土地の豊度を土地所有者の属性

に転化させている」からである (Vgl. ebd., SS.194-5)。この事態が概念の転倒であるというのは，どういうことか。おそらくこうであろう。マルクスのいう「概念の転倒」とは，本来は土地所有者が土地に肥料を与えることによって土地の豊度が上がり，それによって地代も上がるのだが，そうではなくもともと自然のままで存在した土地の豊度の大小の違いがそのまま地代の高低を引きおこしていることにある。つまり土地の豊度の大小が地代の高低をもたらすことは，土地の豊度の違いという土地の属性が人格化されて土地所有者にもともとある地代取得者としての属性に転化されているようなものなのである。こうした事態を『資本論』のマルクスは「物象の人格化」と呼んでいる。それは「人格の物象化」の反対物ではある〔これに関しては後述する〕が，ともに物象化に関わる事態である。

　第2は，私的所有の基礎である土地占有の封建的な形態を資本主義的なそれと対比した，次のような一文に物象化論的な見方が現われている。「占有者と土地とのあいだには，単なる物象的な富 (des blossen *sachlichen* Reichtums) の関係よりも，もっと親密な関係があるという外観が，なお存在している」(Ebd., S.230)。ここでも土地所有者の土地にたいする資本主義的な関係が，封建制に固有な人格的な関係に対比されて，「物象的な」富の関係と表現されており，そこにはすでに資本主義的生産関係の物象化論的な把握がうかがえる。

　第3は，封建的土地所有が資本主義的土地所有に転化するのに必要なこととして，「所有者とその所有物〔財産〕との人格的関係がすべて廃棄され，その所有物〔財産〕がただ物象的な物質的富 (*sachlichen materiellen* Reichtum) となること」(Ebd., S.231) を挙げていることである。ここに至って，土地所有の封建的関係が人格的関係であるのに対して，資本主義的土地所有の関係が物象的関係であるという認識をマルクスが持つようになったことが明らかとなった。

　以上，これまで「第1草稿」の前段は，後段の「疎外された労働」断片の労働疎外論の形成を示す資料と思われてきたが，それだけでなく，そこにはすでに物象化論的観点の存在を伺わせる重要な評註があること

が判明したのである。

(2)「第1草稿」後段の「疎外された労働」断片

　マルクスは,「第1草稿」前段の「所得の三源泉の対比的分析」から資本主義的生産関係の特徴を「労働と資本と土地所有の分離」の一言で表わしている〔マルクスはこの言葉を三回用いている〕。マルクスによると, 国民経済学はこの分離の根拠を何ら解明せず, 例えば, 利潤の発生根拠を客観的な原因に求めるのではなく, 資本家の利害という主観的な事情を根拠にする。そして国民経済学は, 経済的運動の根拠を人間の所有欲に求める, という非科学的な姿勢に終始する。こうした国民経済学に対置する自らの研究をマルクスは次のように明確化する。

　　「したがって, われわれはいまや, 私的所有, 所有欲, 労働と資本と土地所有の分離 (Trennung), これら〔三者〕のあいだの本質的連関を, また交換と競争, 人間の価値と価値剥奪, 独占と競争, これらのあいだの本質的連関等々を, 要するに, これらの疎外全体と貨幣制度とのあいだの本質的連関を概念的に把握しなければならない」(Ebd., S.235)。

「疎外された労働」断片 (以下,「断片」) は, 上の引用文で「これら疎外全体」と呼ばれたものの根底をなす「労働の疎外」を解明したものであり, 他方, 貨幣制度の分析は「ミル評註」が試みていると考えられる。そこで次に,「断片」の考察を主要な論点に分けて行なう。
a「疎外された労働」の基本規定
　「疎外された労働」の基本規定は,「労働が生産する対象つまり労働生産物が, 一つの疎遠な存在 (ein *fremdes Wesen*) として, 生産者から独立した力として労働に立ち向かっていること」である (Ebd., S.236)。この規定に続いて, 労働生産物は労働の対象化 (Vergegenständlichung) であるが, 国民経済学的状態においては, 対象化は対象の喪失

および対象への隷属として、〔対象の〕領有（Aneignung）は疎外、外化として現われる（Vgl. ebd.)、と補足される。この基本規定の要点は、①労働の疎外は労働生産物〔労働の対象化〕が労働者に疎遠な存在になるだけでなく、それが独立した力として労働者に立ち向かってくることにある。また②「対象化」、「疎外」、「外化」および「領有」の概念の関連については、次のとおりである。労働生産物は労働の「対象化」の結果だから、「対象化」されれば、その生産物は労働者が「領有」する〔「わがものとする」または「獲得する」〕ことになるが、国民経済学的状態においては、労働生産物は「外化」される〔労働者にとって外的な存在となる〕だけでなく、「疎外」される〔労働生産物が疎遠な存在となって労働者に立ち向かってくる〕、ことになる。だから、対象化が対象の喪失として現われると同時に、〔対象の〕領有は疎外として現われる、と言われるのである。

b 労働者からの生産物と生産手段の分離

「疎外された労働」の第1規定は、労働者から、①生産物が分離され、資本家の所有になること、さらに②労働の対象、すなわち、「労働の生活手段〔生産手段のこと〕」が奪われること（Vgl. Ebd., 237)、である[2]。この事実が重要な経済的規定を持つことは、後の『資本論』によって、次のように規定されていることから分かる。「労働生産物と労働そのものの分離（Scheidung)、客体的な労働諸条件〔生産手段のこと〕と主体的な労働力との分離が、資本主義的生産関係の事実上与えられた基礎であり出発点だったのである」(MEW, Bd. 23, S.595)。つまり労働者から生産手段が奪われて資本家の手に入った結果、労働者の生産物は労働者ではなく資本家の所有になるが、『経哲草稿』ではこの二つの事実が「労働の対象の疎外」(Ebd. S.238) という「疎外された労働」の第1規定として分析されていたのである。

c 労働者の自己疎外

次にマルクスは問う。「もしも労働者が生産の行為そのものにおいて自分自身から疎外されることがないとしたら、どうして労働の活動の生産物が労働者に疎遠に立ち向かってくることが可能であろうか」(Ebd.,

S.238），と。こうして労働の対象の疎外は，労働の行為そのものの疎外の結果であるとされる。そして後者は，労働が他人〔資本家〕のものであることの結果であり，それは「労働者が，自分の労働が属する資本家の管理の下で労働する」（MEW Bd.23, S.199）ことに現われる。その結果として，「労働者の労働は自発的なものではなくて強いられたものであり，強制労働である」（Ebd.）ことになる。

d「類的存在（Gattungswesen）」論

「疎外された労働」の第3規定は，「人間からの類の疎外」である。すなわち，「疎外された労働は人間から，①自然を疎外し，②自分自身を……疎外することによって，人間から類（Gattung）を疎外する」（MEGA Ⅰ／2, S.240）。

マルクスによれば，「人間は一つの類的存在（Gattungswesen）である」（Ebd., S.239）。人間が一つの類的存在であるというのは，一人ひとりの人間が類〔人類〕の一員として類を代表するという意識を持つ「一つの普遍的な，それゆえ自由な存在（Wesen）として自分に対して関わるからである」（Ebd., S.239）。自分に対して普遍的な，自由な存在として関わるとは，具体的には，人間は実践的存在としてつねに自己を意識して行動するので，実践に際して人間として〔というのは，人は誰でも人類を代表している存在だから〕自由に〔意識的に〕振る舞うことである。人間が類的存在であることの基本的な意味は以上である。

ところで，マルクスは，類的存在そのものには二つの意味があると考えているようだ。第1は，自然との関係の中で生きる人間である。第2は，他の人間との関係の中で生きる社会的存在としての人間である。ここ〔「断片」〕でマルクスが主張する「類的存在」は，第1の意味を指す。類的存在は普遍的存在であるが，「人間の普遍性は実践的にはまさに，全自然を人間の非有機的身体とするという普遍性のうちに現われる」（Ebd., S.240）。それは自然が人間の生活資料を提供することと労働という人間の生命活動の対象であり道具であることという二つの点に現われる。労働とは「対象的世界の実践的産出，非有機的自然の加工」であり，「これらのことは人間が一つの意識的な類的存在であることの確

証である」(Ebd.)。そして人間は「人間によって創造された世界の中で自分自身を直観する」(Ebd.)。ここに人間が類的存在であることの本質があるのだが，「疎外された労働」は人間から彼の労働の対象を奪うことによって，「人間の現実的な類的対象性を奪い取り」，同様にまた「自己活動を，自由な活動を〔生活のための〕手段にまで格下げすることによって人間の類的生活を人間の肉体的生存の手段にしてしまう」(Ebd.)。

こうして「疎外された労働は，人間から人間の外部にある自然とともに人間自身の身体を疎外し，また人間の精神的本質とともに人間の人間的本質 (menschliches Wesen) を疎外する」(Ebd., S.242)。すなわち，「疎外された労働」は人間の類を疎外することによって人間の「人間的本質」を疎外するのである。ここで「人間的本質」とは何かといえば，言葉の上では「人間の人間としての本質的な在り方」であると言える。しかし，上述のマルクスの類的存在としての人間の規定から次のような存在，すなわち，「全自然を自己の生産的生活の対象として実践的に加工し，それによって産出された産物のうちに自己を直観することによって，自己を確証する存在」がこの時点でのマルクスの「人間的本質」の概念的内容であろう。

ところで，第2の意味での類的存在は，「ミル評註」では「社交的〔社会的〕存在 (ein geselliges Wesen)」(MEGA Ⅳ／2, S.448) と呼ばれている。また「社会的存在・本質 (das gesellschaftliche Wesen)」という表現が「ミル評註」で2回 (Ebd., S.452, 456)，また『経哲草稿』「第3草稿」の「私的所有と共産主義」と題された部分の一節で gesellschaftliches Wesen という表現が3回にわたって用いられている (Vgl. MEGA Ⅰ／2., S.267)。この「社会的存在・本質」としての「類的存在・本質」については，第2章で改めて論じる。

e 人間からの人間の疎外

それでは，人間が類から疎外されているとは，具体的にはどういうことに帰結するのか。ここでマルクスは次のような思弁的，哲学的な導出論理に訴える。「一般に，人間の類的存在が人間から疎外されていると

いう命題は、ある人間が他の人間から、またこれらの各人から人間的本質が疎外されているということを、意味している」(Ebd., S.242)。これは人間からの人間の疎外である。宗教的自己疎外では、「ある人間」とは、平信徒であり、「他の人間」とは司祭である。だが、「実践的な現実的世界では、自己疎外は、ただ他の人間たちとの実践的現実的関係を通じてのみ現われる」(Ebd., S.243)。すなわち、実践的な現実的世界では、「ある人間」とは労働者であり、「他の人間」とは資本家である。そしてここで重要な点は、労働者の生産対象と生産行為に対する関係が、資本家の生産物と生産に対する関係を生みだすという論理である。すなわち、労働者から生産対象が奪われるのは、資本家が生産物を所有するからのように見えるが、実際にはその逆で、生産対象が労働者から疎外されているからこそ、生産物は資本家の所有物になるのである。すなわち資本家の「私的所有」は、労働者の「疎外された労働」の帰結なのである。

f 「私的所有」は「疎外された労働」の結果である

この論理をマルクスは次のように展開している。

「たしかにわれわれは、外化された労働（外化された生活）という概念を、国民経済学から、私的所有の運動からの結果として獲得してきたにちがいない。しかし、この概念を分析すると、次のことが明らかになる。それは、あたかも神々が、本来は人間の精神的錯乱の原因ではなくて、その作用の結果であるのと同様に、私的所有は、外化された労働の根拠、原因として現われるとしても、それはむしろ外化された労働の帰結にほかならないということである。のちになってこの関係は相互作用へ転化する」(Ebd., S.244)。

ここで「疎外された労働」が「外化された労働」と言い換えられているが、マルクスは「断片」でときどき前者を後者に言い換えて、この二つの概念を区別することなく同じ概念として用いていることに注意されたい。そのうえでこの抽象的な論理は、具体的には何を表わしているの

かを考えてみたい。まず「疎外された労働」の第1規定がこの概念の基本規定であることはすでに述べた。それによると，「疎外された労働」によって労働者は労働対象から疎外されている。そして労働対象は自然から供給されている。すなわち労働対象とは，第1に労働の生活手段，すなわち労働に必要な原料や労働用具，機械などの労働手段であることが示された。これは後の『経済学批判要綱』以降では，「労働の対象的諸条件」と規定され，『資本論』では生産手段と呼ばれている。すなわち，「疎外された労働」によって労働者は「労働の対象的諸条件」である生産手段から分離されることになる。この生産手段からの労働者〔後に「直接的生産者」と呼ばれる〕の分離は，資本主義的生産様式と生産関係が成立するための歴史的前提である資本の本源的蓄積過程で完遂され，資本主義的生産がはじまる一つの歴史的前提となるものである。したがって，「疎外された労働」が「私的所有」を生み出すというのは，賃労働が資本を生み出すというのと同じであると考えてよい。後に『資本論』のマルクスはこのことを，「資本が賃労働としての労働を前提することは明らかである」(MEW Bd.25, S.833) という言葉で明確に表現している。

g 経済学的カテゴリーの展開

次にマルクスは，「私的所有」と「疎外された労働」という二つの概念を軸に資本主義経済のカテゴリーを展開できると判断し，以下のように述べる。

「われわれはこれまで，疎外された，外化された労働という概念から分析を通じて私的所有の概念を見つけてきたように，これらの二つの要因の助けをかりて，国民経済学上のすべてのカテゴリーを展開することができるだろう。そしてわれわれは，たとえば暴利商売，競争，資本，貨幣といった各カテゴリーに，このはじめの二つの最初の基礎の限定された，そして発展させられた表現を，再び見つけ出すにすぎないであろう」(MEGA Ⅰ／2., S.245)。

実際,『要綱』以降の「資本論草稿」を調べると, マルクスが, 商品, 貨幣および資本のカテゴリーを価値概念を軸に展開する方向と労働疎外〔労働の外化・譲渡を含む〕論によってそれらのカテゴリーを展開する方向の二つの路線で研究を進めていくのを読み取ることができる。そして前者の展開の基礎理論となったのが物象化論であり, 後者においては「労働の外化・譲渡」を含む広義の「労働疎外論」が軸となってカテゴリー展開が試みられたと推測できる。物象化論が確立されるのが遅かったのは, 価値論〔特に価値形態論〕の完成が遅れ,『資本論』第1巻の出版間近まで完全なものとならなかったからである。疎外論は価値論との関係がほとんどなかったために,『資本論』第1巻のカテゴリー分析にはほとんど関わらなかったが, 第1巻の最後の資本蓄積論, 特に資本の本源的蓄積論で基礎理論の役割を果たしたと言ってよいだろう。この点については, 後半の各章で論じる。

h 「疎外された労働」の歴史的起源

　最後に総括として二つの課題が立てられている。われわれにとって重要な課題は,「人間はいかにして自分の労働を外化し, 疎外するようになるのか」という問いである (Vgl. ebd., SS.245-6)。マルクスはすでにこのような問いの仕方そのものに問題の解決が含まれているという。その理由をマルクスは次のように述べる。

　「われわれはすでに, 私的所有の起源に関する問題を, 人間の発展行程にたいする外化された労働の関係に関する問題に置き換えることによって, この課題を解決するために多くのものを獲得している。というのは, 私的所有について語る場合には, 人間の外部にある物象に関わらなければならないものと, 一般に信じられているからである。労働について語る場合には, ずばり人間そのものに関わるのである。この新しい問題の立て方にはすでにそれの解決が含まれている」(Ebd., S.246)。

　ここで私的所有 (Privateigentum) は物象と見なされているので, 本

来は私有財産とでも訳すべきであるが，私的所有は「疎外された労働」の結果であることが判明したので，問題は労働という人間自身に関わるのものに還元された。そこで開かれた地平は，人間の発展行程という歴史の地平である。これによってマルクスは，人間の労働，一般に産業と呼ばれる領域に踏み込んだのである。その結果として確立されたのが産業の発展を基礎に歴史を見る唯物論的歴史観である。それは『ドイツ・イデオロギー』（以下，『ド・イデ』）で定礎されることとなった。

ⅰ 労働者の労働の疎外により資本家は労働を領有する

　『経哲草稿』「第1草稿」はこの問いの提起では終わらず，マルクスは，労働者の「労働の疎外」の裏面に資本家の「疎外の状態」があることを見出し，「外化された労働は，相互に条件づけあっている二つの構成部分に，あるいは一個同一の関係の単に異なる表現にすぎない二つの構成部分に分解されている」（Ebd.）ことを見いだす。すなわち，労働者にとっては，彼の労働の対象化によって本来果たされるべき生産物の「領有〔獲得〕（Aneignung）」は，現実には生産物を奪われる「疎外」に転化するのに対して，資本家は，本来人間に固有の活動（Tätigkeit）から遠ざけられて，単に「疎外の状態」に置かれるものの，労働者の生産した生産物を活動なしに「領有」することができる。「疎外された労働」の関係は，このように労働者と資本家の両者に疎外をもたらす。したがって，労働者の疎外からの解放は，同時に資本家をも疎外から解放することになるので，それによって全人間的解放が果たされることになる。疎外論が人間解放論といわれる所以である。そして労働者の疎外と資本家の領有を一個同一の関係とみなすこの議論は，後に「61〜63年草稿」のなかで展開される「疎外・領有」論の端緒的形成であると言ってよいだろう。

　このように「第1草稿」はこの「疎外・領有」論で終わっているので，「第2草稿」はこの理論の続きを展開するものだと思われる。しかし，実際には「第2草稿」では，マルクスによって「私的所有」の概念を軸に経済学の各カテゴリーを展開すると先に展望された方向に沿って，資本と労働の関係が分析されている。ここではその考察に移る前

に，「第1草稿」の後および「第2草稿」の前に執筆されたと推定される「J・ミル評註」を考察する。

第2節 「J・ミル評註」の物象化論と疎外論

はじめに

　「J・ミル評註」（以下，「ミル評註」）は非常に理解しにくい文献である。その理由は「私的所有の外化（die Entäusserung des Privateigentums）」，「私の私的所有を外化する（entäussere mein Privateigentum）」および「外化された私的所有（das enttäusserte Privateigentum）」などの表現が何を意味するかが分かりにくいからである。まずPrivateigentumは，物または物象に対する所有という関係行為を表わす意味では「私的所有」と訳されるが，誰かの所有物を意味する場合もあるので，その場合には「私有財産」と訳したほうが分かりやすい。そして「ミル評註」でマルクスがPrivateigentumの語で想定しているのは商品であると考えられる。他方，「entäussernする」とは自分の財産を「放棄し」，その財産を「手放す」という意味を表わす。普通は日本語でも財産または所有物を「譲渡する」という言い方があるが，「譲渡する（veräussern）」とは財産を手渡すことであるだけでなく，誰かに手渡すことを前提した行為を意味する。それに対して「外化する（entäussern）」とはただ自分の財産を放棄することで，誰かに手渡すことまでは含意していない。したがってその財産は自分の財産であることは止めるが，「私有財産一般」であることは止めないということになる。したがって，「私的所有を外化する」という表現でマルクスは「商品を手放す」行為を想定していると考えてほしい。

（1）貨幣の本質

　マルクスは「ミル評註」の冒頭の文章の次の箇所で「ミルは貨幣を交換の媒介者と特徴づけているが，これはまことに適切で，また事柄の本

質を概念にもたらしている」(MEGA Ⅳ/2, S.447) と述べてミルを称賛している。すなわち，マルクスがミルからヒントを得てとらえた貨幣の本質は以下のようである。

> 「貨幣の本質は，さしあたりは，貨幣において財産〔商品と読め〕が外化されていることにあるのではなくて，人間の生産物をそれを通じて相互に補完させている媒介的な活動ないし運動が，つまり人間的・社会的行為が疎外されて，人間の外部の物質的な物（Ding）すなわち貨幣の属性になっているということにある。」(Ebd.)

すなわち，人間は商品を物々交換として直接に商品同士を交換するのではなく，互いの商品をある他の商品〔貨幣〕に置き換える行為〔媒介的な活動ないし運動〕を通じてはじめて交換するが，その行為が直接人間の行為として行われるのではなくて，つまりその行為が疎外されて人間の外にある物〔貨幣〕の物質的な属性〔金・銀の重量〕となっていることに貨幣の本質がある，ということである。つまり貨幣が商品交換の仲介者の役割を果たすことが貨幣の本質的特徴の一つであるが，「人間そのものが人間にとっての仲介者であるはずなのに，そうではなくて，この疎遠な仲介者を通して人間は，自分の意志と，自分の活動，自分と他人の関係が，自分からも他人からも独立した力（Macht）となっていることを直観する」(Ebd., 448) のである。

（2）貨幣は物象化に固有の転倒現象をもたらす

こうして人間の仲介者となった貨幣のこの独立した力は，人間にとって現世の神となる。貨幣は今や，宗教においてではなく，人間の必要とするすべての物品が商品となった生活において，それらを購入するための必須手段である貨幣が生活上の神となって日常生活に君臨する。すると次のような転倒現象が生じる。

> 「本源的にはこの仲介者が価値をもつのは，その仲介者が諸対象を

代表するかぎりのことに見えたのに，いまや逆に，諸対象が価値をもつのは，諸対象がこの仲介者を代表するかぎりのことになっている。この本源的な関係の転倒は不可避である。」(Ebd.)

つまりマルクスは，貨幣のうちに本来の関係の転倒を見ている。すなわち，本来は仲介者としての貨幣が価値を持つのは貨幣が諸商品を代表する限りのことであるのに，実際には逆に諸商品が価値を持つのは諸商品が貨幣で表現されている限りのことになっている。マルクスはこのような転倒した事態を貨幣のうちに看取するのであるが，これが物象化に固有の現象であることは『資本論』の段階ではじめて解明されるのである。

しかし，彼はそのすぐ後に「だから，この仲介者は，私的所有の自己喪失した疎外された本質である」(Ebd.) と述べ，貨幣を疎外態と見なしている。つまり，「ミル評註」においてマルクスはせっかく貨幣の存在のうちに物象化に固有の，本来の関係の転倒した事態，をとらえていながらも，それを疎外の論理で把握してしまうわけである。このように物象化の事態に気づきながらも，それを疎外論によって理論化していたことがこの段階のマルクスの理論的な未熟さをよく表わしている。

(3) 交換・交易は社会的交通の疎外された形態である

マルクスは，人間は「社交的な存在 (ein geselliges Wesen)」だから，交換をせざるをえないと述べ，ひとたび交換が行われるようになると，私有財産〔商品〕は価値，その対自的存在としての貨幣にまで進まざるをえないと断言する (Vgl.ebd.)。

「交換する人間の媒介運動は，何ら社会的な運動でも，人間的な運動でも，人間的関係でもなく，私有財産に対する私有財産の抽象的な関係である。そしてこの抽象的関係が価値であり，その価値の価値としての現実的存在がまさしく貨幣なのである。」(Ebd.)

こうした見方は，人間的なものを価値あるものと見なし，人間的なものを失った状態，すなわち抽象的な関係を疎外された状態と見なす疎外論の典型である。それに続く以下のような言明も「ミル評註」のマルクスが疎外論を理論の支柱にしていたことが分かる。

　「交換する人間は，人間として相互に関係しあう（verhalten）のではないのだから，物象は人間的財産，人格的財産という意味を失う。私有財産に対する私有財産の社会的な（gesellschaftliche）関係ということは，すでに私的所有がそこにおいて自分自身から疎外されている関係ということなのである。したがって，この〔私有財産の〕自己疎外関係の対自的存在としての貨幣は，私有財産の外化であり，私有財産の特殊的，個人的性質の抽象である。」(Ebd., SS.448-9)

　しかし，このマルクスの疎外論は，交換は「社交的〔社会的〕交通（das geselligen Verkehr）」という類的活動の疎外態であるという彼独自の「人間的存在（das menschliche Wesen）＝社会的存在（das gesellschaftlice Wesen）」論に基づいた次のような「人間共同体（Gemeinwesen des Menschen）」論（Vgl. ebd., S.453）に基礎づけられている。

　「人間的本質は人間の真の共同体（das *wahre Gemeinwesen*）であるから，人間は自己の本質を発揮することによって人間共同体を創造し，産出する。その社会体（das gesellschaftliche Wesen）は個々の個人に対立する抽象的・一般的な力（Macht）としてあるのではなくして，むしろ各個人の本質，すなわち，ただ彼自身の活動，彼自身の生活，彼自身の享受，彼自身の富であるような社会体である」(Ebd., S.452)。

　このようなマルクスの人間共同体論は，国民経済学の交換・交易論から抽象して得られたものであると考えられる。というのはこの引用文の

すぐあとで次のように述べているからである。

「この人間の共同体，いいかえれば，自己確証しつつある人間本質（Menschwesen），すなわち類的生活に向けての，真に人間的な生活に向けての人間相互の補完行為，これをいまや国民経済学は交換と交易という形態で把握する。デステュット・ド・トラシはいう，社会とは相互交換の一系列である，と。それはまさに交換を通しての〔相互統合の〕運動なのである。アダム・スミスは言う。社会とは一つの商業社会であり，その構成員はすべて商人である，と。

ご覧のように，国民経済学は社交的〔社会的〕交通（geselligen Verkehr）のこの疎外された形態を，本質的で本源的な，そして人間的規定に一致する形態として確定する」(Ebd., S.453)。

ここから分かるように，すでにマルクスは1844年段階において，「社交的〔社会的〕交通」という今日のコミュニケーション理論に通じる概念を確立し，人間共同体という人間社会の本源的形態の存在を予想し，国民経済学的な社会状態をこれの疎外された形態として把握していた。この疎外論は，『経哲草稿』「第1草稿」の後段で展開された「疎外された労働」論とは異なり，市民〔ブルジョア〕社会における交換・交易を本源的社会に存在した「社交的〔社会的〕交通」の疎外された形態として把握する。交換と交易のこの疎外された形態を表現するマルクスの特徴的概念が「抽象（Abstraktion）」という概念または「抽象的な（abstrakt）」という言葉である。マルクスは『経哲草稿』「第1草稿」の前段ですでにこの概念を使用し，国民経済的状態における労働を「抽象的労働」と特徴づけていた。また先述のように価値，すなわち私有財産〔商品〕と私有財産〔商品〕との関係としての価値を抽象的関係と否定的に特徴づけていた。このように見てくると，マルクスはこの時点で商品生産における人間労働の抽象性を鋭く把握していたと考えるのが妥当であろう。したがって，『資本論』の商品論はこの「ミル評註」に端を発していると言っても過言ではない。

（4）市民社会では類的行為が疎外されて交換取引として現われる

　市民社会で行われる商品の交換をこの当時のマルクスの用語で表わすと次のようになる。すなわち，私的所有者はその私有財産をまず外化して，自らから手放す。交換相手も同じように行動する。これにより各自の私有財産は各自の外部に存在する外的な物象となる。しかし，それによってその物象は各自の私有財産であることは止めるが，それが私有財産一般であることは止めないので，その物象は必ず他の誰かの私有財産となる。すなわち，他の誰かも各自と同じ行為をすること，言い換えれば，相互に各自の私有財産を外化することによって私的所有者たちは相互に私有財産を交換することができるのである。つまり互いに各自の私有財産を外化することによって私有財産の交換が成立するのは，私有財産が各自の私有財産であることをやめても，その物象が私有財産一般であることをやめない限り，すなわち私的所有制度が存在する限り，その物象は他の誰かの私有財産になるのである。これによって交換取引が各自の相互の私有財産の外化を通じて成立するのである〔この私有財産の「外化論」は『経済学批判』における商品の「外化論」に直接つながっていく〕。この事態をマルクスの表現で示せば，次のようになる。

　　「こうして，この二人の私的所有者の社会的な関連ないし関係は，外化の相互性であり，双方で措定された外化の関係である，あるいは二人の所有者の関係としての外化である。」(Ebd., S.454)

　この引用文でマルクスが強調点を付した gesellschaftliche という言葉に注意してほしい。マルクスは先の箇所で「社交的な（gesellige）」という形容詞を用いていたが，ここではじめて「社会的な」という形容詞を用いる。そしてこれと同時に「類的行為（Gattungsakt）」という表現が使われはじめる。そして『経哲草稿』「第1草稿」の後段の「断片」ではじめて現われた「類的存在」論が姿を変えて，先に挙げた第2の意味で展開される。すなわち「社会的本質」としての類的存在である人間

の社会的把握が次のように示される。

「交換ないし交換取引は，したがって，私的所有の内部での，人間の社会的行為，類的行為，共同体（Gemeinwesen），社会的交通（gesellschaftliche Verkehr）と統合であり，それゆえに，それは外的で外化された類的行為である。まさにそれゆえに，その類的行為は交換取引として現われるのである。それゆえに同じく，それは社会的関係の反対物なのである。」（Ebd.）

この引用文から分かるように「類的行為」は「社会的行為」と言っても同じであり，違いはgesellschaftlicheは「関連（Beziehung）」を形容する言葉として用いられ，「類的（Gattungs-）」は「行為（Akt）」の修飾語として使用されるという点にあるだけである。したがって，先にも述べたように，マルクスが「類的存在」という用語を用いるときは，実質的内容としてはその語によって「社会的存在・本質（das gesellschaftliche Wesen）」を思い浮かべていると言ってよい。つまりこの時点のマルクスは新しい概念である「社会（Gesellschaft）」を古いフォイエルバッハの用語の「類（Gattung）」を用いて表現していたわけであり，フォイエルバッハから脱皮して，「フォイエルバッハ・第６テーゼ」で「人間的本質（das menschliche Wesesn）」を「社会的諸関係の総和」と具体的に理解した独自の思想と理論を確立する過渡期にあったと言える。

(5) 交換関係の下では労働は「金を稼ぐ営利労働」となる

こうしていったん諸個人のあいだに交換関係が成立すれば，各自は自分の欲求を満足させる物を生産するのではなく，他人の欲求を満たすものを生産し，社会的な分業体制が確立されていく。それと同時に生産者の行なう労働は「金を稼ぐ営利労働（Erwerbsarbeit）」と化し，個人的生存を維持することが労働の目的となり，労働は生活のための手段となる。こうして交換関係が発展すれば，各人の人格的関連は解体し，貨

幣という社会的な力を獲得するためだけに労働するようになり、自らは没社会的になる。マルクスは、人間がその固有の社会性を失って個人的生存のための生活を行なうようになった人間の状態を指して、「人間はそれだけますます利己的、没社会的となり、人間自身の本質から疎外されていく」（Ebd., S.456）と述べる。しかし、この一文の最後にある「人間自身の本質から疎外されて」という表現には、人間がその本質を失っていくことを疎外とするマルクスの初期の疎外論の抽象的側面が前面に出されている。ただし、この疎外論は抽象的な人間疎外論ではなくあくまで労働疎外論であることを忘れてはならない。そして「ミル評註」の労働疎外論が『経哲草稿』の「断片」で展開された「疎外された労働」論と異なる点は、労働の疎外を抽象的労働という在り方に見いだしていることであり、この視点は遠く『資本論』の商品論における商品価値の実体としての「抽象的人間労働」概念の発見に繋がっていくのである。

（6）私有財産は価値になる

　私有財産は生産者自身との一体性を失い、他者のための存在と化しているので、いまや「他者との関連として存在するだけとなる」（Ebd., S.454）。それとともに私有財産は他の私有財産との関係を持つ、すなわち他の私有財産の等価物となる。「等価物としては私有財産の現存在は、もはやその私有財産に固有の現存在ではない。こうして、私有財産は価値に、直接的には交換価値になっているのである」（Ebd., S.454-5）。マルクスはその後、価値の価格への転化過程に言及するが、価値論はほとんど内容のある展開を見せていない。したがって、「ミル評註」は価値論なき貨幣論であると言ってもよいだろう。

（7）貨幣は疎外された物象の完全な人間支配を表わす（物象化論と疎外論の混合）

　マルクスは「ミル評註」の「第一評註」の最後で、これまでの議論を総括するかのように次のように「疎外された物象」という疎外論の用語

と物象化論の用語を取り混ぜた表現で物象化論を展開している。

> 「いまや貨幣において，つまり私有財産の素材の性質や私有財産の特殊な性質にたいして，またさらに私的所有者の人格性にたいしてもまったく無関心なものたる貨幣において，疎外された物象の人間にたいする完全な支配が現出している。人格の人格にたいする支配として在るものが，いまや物象の人格にたいする，つまり生産物の生産者にたいする一般的な支配となっている。等価物，価値の中にすでに私有財産の外化という規定が存在していたように，貨幣はこの外化の感性的な，文字どおり対象的な現存在である。」(Ebd., S.456)

　この見方を物象化論と疎外論の混合と判断する理由は，第1に，貨幣関係に存在する事態を貨幣という物象が人間を支配する主客の転倒した関係だと見なしていること，第2に，封建制などの前ブルジョア的支配関係を特徴づける「人格に対する人格の支配」が市民〔ブルジョア〕社会において貨幣という物象の人格に対する支配に転化していると解釈していること，それにもかかわらず，「疎外された」という疎外論に固有の言葉を使用していること，である。後述するように，主体と客体の転倒は「61〜63年草稿」において資本関係に固有の事態としてはじめて物象化された現象ととらえられる。「ミル評註」において，こうした主客の転倒した事態が貨幣関係の段階の物象化的現象として発見されていることは，すでにマルクスが経済学研究の初期の段階ですでに疎外論の衣をまといながらも物象化論を形成しはじめていた証拠であると言ってよいだろう。

　以上に見てきたように「ミル評註」においては貨幣関係のうちに物象化された現象がとらえられており，この段階においてすでに，マルクスは社会的交通の疎外論を展開しているとともに，商品・貨幣関係における物象化論を，疎外論的表現においてではあるが，端緒的に形成していると見なさなければならない。

第3節　『経済学・哲学草稿』「第2・第3草稿」の疎外論

（1）「第2草稿」の疎外論

　「第2草稿」は以下の6点を明らかにしている。(1)市民〔ブルジョア〕社会では労働者としての人間が商品として存在していること，(2)資本との対立関係にある労働は疎外された活動であること，(3)資本家はさしあたり借地農として存在しはじめること，(4)資本は動産として市民〔ブルジョア〕社会を桎梏から解放し，さまざまな異なる世界を相互に結び付けたこと，(5)国民経済学は人間の労働を真の富の源泉として把握したこと，(6)私的所有の関係を労働と資本の対立的連関と把握し，その連関が3段階——(i)両者の直接的統一，(ii)両者の対立，(iii)それぞれの自分自身に対する対立——を経過すること。このなかで疎外論と関わるのは，(2)と(6)である。そこで以下，この2点について論じることとする。

　議論(2)では，資本と対立し資本を生み出すかぎりでの労働は疎外された人間的活動であることが指摘される。すなわちマルクスによると，私的所有の関係は，労働，資本および両者の関連を含むが，そのうち労働としての私的所有は，「人間的活動が労働として生みだされていること，すなわち，まったく自分に疎遠な活動，人間と自然に疎遠な活動，それゆえに，意識や生命の発現にも疎遠な活動として，人間的活動が生みだされていること，人間が一個の単なる労働人間として抽象的に存在していること」（MEGA Ⅰ／2, S.249）を表わしている。ここでマルクスが想定している「労働」は，資本に対立する労働であり，そのようなものとしては生命の発現としての人間的活動の疎外された形態である。「第1草稿」においても労働そのものを「疎外」だと見なしていると思われる表現が存在する。たとえば，次の二つの表現を見られたい。(i)「労働の本質に固有の疎外」（Ebd., S.237），(ii)「実践的な人間的活動の疎外の行為すなわち労働」（Ebd., S.239）。また「第3草稿」にも次のような，これと同様の表現が存在する。「これまでのすべての人間の活動は労働，つまり産業であったし，自己疎外された活動であった」（Ebd., S.271）。

そして『ド・イデ』においても，共産主義の段階での「労働の自己確証活動への転化（die Verwandlung der Arbeit in Selbstbethätigung）」(DI, S.91) が語られている（「自己確証活動」の内実については「第3草稿」の項で論じる）。

　見られるように，初期のマルクスにおいては市民〔ブルジョア〕社会における労働は，単に「金を稼ぐ営利労働（Erwerbsarbeit）」になっているものとして「疎外された労働」であるだけでなく，人間が労働者としてしか存在せず，労働者としてしか扱われない。すなわち人間が労働人間として存在することによって労働そのものが「疎外された活動」となっているのである。したがって，市民〔ブルジョア〕社会において人間の労働は二重に疎外されている。第1に，労働はこれまで，人間の本来の「自己確証活動」，すなわち自己の「生命発現（Lebensäusserung）」ではなく，「生活維持手段としての労働」（これがマルクスの言う「労働」であり，『資本論』第3巻に言う「必然性の国」における労働である）であり，この意味でそれは「人間的活動の疎外された形態」である。第2に，労働，すなわち，「生活維持手段としての労働」はまた，市民〔ブルジョア〕社会においては，「金を稼ぐ営利労働（Erwerbsarbeit）」，具体的には，資本家〔自己資本家＝自営業者を含む〕に管理される強制労働としての「疎外された労働」に転化する。言い換えれば，今日においては，第1に，人間的活動としての「自己確証活動」が疎外されて「労働」となっているが，第2にその労働がさらに疎外されて，「疎外された労働」となっているのである。それによって，人間の活動は二重に疎外されていることになる。以上が「第2草稿」で明らかとなったマルクスの「労働疎外論」の全容である。

　次に，(6)私的所有の関係を労働と資本の対立的連関と把握し，その連関を3段階——(i)両者の直接的統一，(ii)両者の対立，(iii)それぞれの自分自身に対する対立——とすることが疎外論とどうかかわるか。これに関してはマルクスがこの問題についてどう考えているかを考察することから答えていこう。マルクスは，「第2草稿」の最後の部分で，(i)資本と労働の直接的統一に関して述べたあと，「つぎには，両者はたしかに分

離され，疎外されるが，しかし，相互に積極的な条件として助長しあい促進しあう」（Ebd., S.255）と言い足す。この文中の「両者〔資本と労働〕は …… 疎外される」という表現が何を意味するのかがここでの問題である。この問題を明らかにするためには経済史を辿らなければならないが，そうするとこのマルクスの文言が工業の発展過程を念頭にしていることが分かる。すなわち，工業は，封建制の下ではまだ手工業であり，マルクスの言うとおり，ツンフト，同職組合〔ギルド〕において「資本〔道具などの生産手段〕」と「労働〔親方と職人〕」は，親方が道具を所有するという形で結合していた。ところが，領主と農奴の支配・従属関係が解体すると，商人の台頭により契約に基づく雇用関係が広まり，親方と職人の人格的関係に基づくギルド共同体は解体され，それによってギルドから離れた手工業者は商人などの貨幣所有者のもとで新たに手工業者として雇われ，資本主義的生産がはじまる。したがって，マルクスが「資本」の「労働」との分離・疎外という言葉で言及した事態は，ギルド〔同職組合〕内部で結合していた道具と親方・職人が分解することである。そして両者は大商人のもとで形を変えて再結合してマニュファクチュアや機械制大工業が成立する。そしてこの両者の分離と疎外は，『資本論』の「いわゆる資本の本源的蓄積」過程における生産手段〔生産用具〕と労働者の分離のことである。マルクスは「資本と労働が分離され，疎外される」と述べているが，歴史的には「資本」とは道具などの生産手段を指し，「労働」とは親方・職人の労働である。この両者の分離をマルクスが「第2草稿」の最後で「疎外」と述べているのは，後に『資本論』第3巻の「生産者からの生産諸条件〔生産用具を含む—筆者〕のこうした疎外」（MEGA Ⅱ /4.2, S.649, MEW Bd.25, S.610）という言葉に表わされているように，両者の分離は，より正確に言えば，労働者〔マルクスの言葉でいえば「直接生産者」〕から生産手段〔資本〕が疎外されていることであり，この疎外が資本主義的生産の成立の前提であるからである。以上のように，資本と労働の分離と疎外とは，歴史的にはギルドの解体のことであり，それが大商人の下で再結合することによって，マルクスの言うとおり，両者は「積極的条件と

して助長しあい促進しあい」(Ebd., S.255)、次の「(ⅱ)両者の対立」の段階に移行し、相互に対立するに至るのである。

(2)「第3草稿」の疎外論

『経哲草稿』の第3草稿の疎外論を考察する前に、1844年段階のマルクスが用いた「私有財産または私的所有（Privateigentum）」の概念には二重の意味があることに注意を促しておきたい。狭い意味から順に示せば、(1)「疎外された労働」の帰結としての「私的所有または私有財産」、(2)「労働がその本質である」という場合の「私有財産」である。(1)は『経哲草稿』「第1草稿」と「ミル評註」でマルクスが対象としたもので、「ミル評註」では実質上は交換価値としての商品および貨幣であり、「第1草稿」では資本である。一方、(2)は使用価値としての商品である。というのは、マルクスは「第3草稿」の「私的所有と労働」と題された部分の冒頭で、「私有財産の主体的本質、対自的に存在する活動としての、主体としての、人格としての、私有財産、それは労働である」(Ebd., S.257)、と述べたが、それによってマルクスは商品価値の実体を労働に見いだしたわけではない。というのは、この時点のマルクスは労働価値説をまだ受容していなかったからである。したがって、マルクスがその本質を労働と把握した「私有財産」は『資本論』の用語でいえば「使用価値としての商品」であろう。そして当時のマルクスはPrivateigentumを、この二つの意味を合わせもつ概念として用いていたと推察される。次の一文の中のその語がそのことをよく表わしている。

　「私有財産の運動、まさしく経済の運動のなかに、全革命運動がその経験的ならびに理論的な基礎を見いだすということ、このことの必然性は容易に洞察されうる。
　この物質的な、直接に感性的な私有財産は、疎外された人間的生活の〔＝人間的生活の疎外の〕物質的感性的表現である。その運動――生産と消費――は、これまでのいっさいの生産の運動の、すなわち人

間の現実化ないし現実性の運動の，感性的な開示である。宗教，家族，国家，法，道徳，科学，芸術等々は，生産の特殊な在り方（Wesen）にすぎず，生産の一般法則に服するのである。それゆえに，私的所有の積極的止揚は，人間的生活の獲得として，一切の疎外の積極的止揚であり，したがって，人間が宗教，家族，国家等々からその人間的な，すなわち社会的な現存在へと還帰することである。宗教的疎外そのものは，ただ人間の内面の意識の領域でのみ生ずるものであるが，しかし経済的疎外は現実的生活の疎外である，——したがって，それの止揚は〔意識と現実という〕両方の側面を含んでいる」(Ebd., SS.263-4)。

　というのは，第1に，ここでは私有財産の運動が経済の運動と同一視されているが，私有財産の内実たる商品，貨幣，資本の運動だけが経済の運動ではないことは今では明らかである。封建的生産様式や社会主義的生産様式においても生産と消費の運動である経済の運動は存在するが，決して資本や貨幣などの私有財産の運動は支配的なものとしては存在しない。したがって，前半の段落においては，「私有財産」という概念のもとで使用価値をもつ物品，すなわち人間労働の生産物が想定されていると考えられる。それに対して，第2に，後半の段落では，「私的所有」は経済的疎外として止揚されるべきものとして描かれているので，この概念は商品，貨幣および資本が支配する近代の資本主義的生産様式および生産関係に基づく私的所有を指していると判断できる。
　このように1844年段階のマルクスは，どの社会構成体にも共通にその社会の土台として存在する経済構造と特定の歴史段階に属する特殊な社会の経済構造との区別ができず，「私的所有（Privateigentum）」という経済的関係それ自体を止揚すべき疎外された形態として把握していたのである。この点は，マルクスが「私的所有」の止揚とともに宗教，国家，法や道徳等々も「社会的な在り方」に止揚される，すなわち宗教や国家等々も廃止され人間的社会に吸収されると考えたことからも分かるだろう。すなわち，マルクスにとって疎外論とは，宗教や国家という疎

外態が存在するのは，現実世界，地上世界としての経済的世界が分裂し，疎外されている結果なのだから，「私的所有」という疎外された関係を止揚することによって社会全体の疎外状態を克服することができるという理論なのであった。このようなマルクスによる「私的所有」概念の両義的な理解は，「市民社会」概念の場合と同様である。というのは，当時は「市民社会」という概念は，社会の基礎的領域としての経済活動の分野を表わしていたと同時に，「ブルジョア社会」という歴史的に過渡的な時代の社会を意味していたからである。したがって，こうした「私的所有」把握に現われているマルクスの疎外論の特徴を理解していないと「第3草稿」の他の文章の意味も正確に把握することはできない。以上を前提にして以下，「労働が自己確証活動としての人間的活動の疎外された形態である」という「第3草稿」の疎外論を検討していきたい。

　マルクスは「私的所有と共産主義」と題された部分で，「これまでのすべての人間の活動は労働，つまり産業であったし，自己疎外された活動であった」(Ebd., S.271) と述べている。さらに「労働とは，外化の内部での人間的活動，生命の外化としての生命発現の一つの表現であるにすぎない」(Ebd., S.309) とも述べている。マルクスが知る人間の活動は，これまで歴史において産業という形態で存在してきた労働であるが，この労働が生みだすのは，「感性的で疎遠で有用な (nützlicher) 対象という形態，つまり疎外の形態のもとでの，人間の本質諸力の対象化されたもの」である (Ebd., S.271)。マルクスはこの有用な対象を次のようにも言い換えている。「産業の歴史とその産業の生成された対象的現存在とは，人間の本質諸力の開かれた書物であり，感性的に提示されている人間の心理学であることは明らかである。ただしこの心理学はこれまでは，人間の本質との関連においてではなく，つねに外的な効用との関連 (Nützlichkeitsbeziehung) においてのみとらえられてきた」(Ebd.)。

　これらの言葉から分かるように，これまで労働，すなわち産業の運動を通じて人間が生みだしてきたものは，「人間の本質諸力の対象化され

たもの」であるという意味では人間的な本質が対象化されたものではあるが，他方で「外的で有用な諸対象」としては「疎外された形態」にあるものであると言ってよい。それでは，このような労働の生産物とは何であろうか。商品であろうか。しかし，商品であれば，貨幣との交換でしか手に入れられない物象（Sache）であるが，マルクスはここでは「物象」ではなく「対象（Gegenstände）」という概念を用いている。この概念はマルクスが「第1草稿」で労働生産物を表わす言葉として多用したものである（Vgl. ebd., S.236）。とすれば，この対象とは労働生産物一般を指すものと考えられる。労働生産物が「外的で疎遠で感性的な対象」と形容されるのは，労働生産物をフォイエルバッハの用語で表現したものだからにすぎない。むしろここで注目しなければならないのは，この労働生産物が「有用な」または「効用・有用性のある」という意味のnützlicheという功利主義に特有の言葉で形容されていることである。つまり労働生産物をもっぱらその効用性，つまり便利さからとらえていることに注意しなければならない。つまりマルクスはここで，これまで労働によって生産されてきた対象の「疎外された形態」をその功利性に帰しているのである。

　功利性（utility, Nützlichkeit）とは，ベンサムやJ・S・ミルなどの功利主義者の重視する事物の性質である。功利主義とは人間の幸福を快楽の増大にあると考え，物質的利益を最優先する思想である。これは初期のライン新聞時代のマルクスが「低劣な物質主義（verworfene materialismus）」（MEW Bd.1, S.147）と呼んで退けた原理，すなわち物質偏重主義であり，人間の文化や精神的な価値をも重んじる「自然主義＝人間主義」（Ebd., S.263）の思想とは異質な思想である。『パリ手稿』におけるマルクスの「自然主義＝人間主義」の思想にとって，「感覚器官は生きるために必要な手段であり，物を消費するための器官であるが，このような狭い意味での効用ではなく，自然や人間の制作物，全ての自然と人間的自然という対象的世界の中に人間的な効用を，すなわち人間的な美的価値を見出し鑑賞することこそが人間的感覚の解放にほかならない。これによって自然と対象的世界は『むきだしの効用性』，す

なわち単なる利便性を失い、人間は功利的な生活から解放され、真に文化的、審美的、人間的な価値を享受する生活を獲得するのである。この点ではマルクスの唯物論は、物質主義ではなく、彼にとって物質的な生活は人間の全生活の土台であり、それが十分に満たされてこそ、そのうえに感性的、感覚的、文化的および精神的生活が可能となるのであり、彼の哲学は究極的には文化的、芸術的および精神的な価値の充足を目標とするものであると考えるべきである(3)」。

一方、効用をもつ便利品を生産する活動としての労働は、人間の欲求をこのような功利性をもつ物品の「所有欲」に還元し、疎外された「私的所有の生活」(Ebd., S.392) をもたらす。すなわち、「私的所有の生活」においては、「あたかも人間が事物、自然を自己の『使用』『所持』『占有』の対象として一面的・一方向的に支配しているかのように見えながら、そこを覆っている一面的・一方向的な『持つ』という感覚は、実は人間の『全ての身体的・精神的感覚』を『単純に疎外』するものに他ならず、それによって逆に人間自身が支配され疎外され貧困化されてしまっている」(4)。このように労働には人間の欲求を狭い「所有欲」に還元してしまう疎外された「私的所有の生活」をもたらすという否定的側面があることにわれわれは留意しなければならない。

しかし、マルクスは労働のこのような否定的側面だけでなく、肯定的・積極的側面も重視している。というのは、マルクスは、ヘーゲルが『精神現象学』において「労働の本質をとらえ、対象的な人間を、現実的であるがゆえに真の人間を、人間自身の労働の成果として概念的に把握している」(Ebd., S.292) ことを評価しているからである。マルクスは人間の諸感覚をこれまでの労働の成果として歴史的に生成・発展していくものとらえている。この点は次のマルクスの言葉にうかがえる。

「というのは、たんに五感だけでなく、いわゆる精神的感覚や実践的感覚（意志、愛など）、一言でいえば人間的感覚すなわち諸感覚の人間性は、その感覚の対象の現存をとおして、人間化された自然をとおして、はじめて生成するからである。

五感の形成はこれまでの全世界史の一つの労作（eine Arbeit）である。」(Ebd., S.270)

このような労働の積極的側面は，労働の発展が歴史における欲求のより豊かな欲求への発展をもたらすことにも現われる。この点をマルクスは，「すべての歴史は，『人間』が感性的意識の対象となり，『人間としての人間』の欲求が〔普通の〕欲求となるための，準備と発展の歴史である」(Ebd.)という言葉で表現している。

ここで『資本論』の商品論と「自由の王国と必然性の王国」に関する議論を思い起こしていただきたい。『資本論』の冒頭の商品章では，「ある物の有用性（Nützlichkeit）は，その物を使用価値にする」と書かれ，「商品は，……　一つの外的対象（ein äußerer Gegenstand）である」とされている（MEW Bd.23, SS.49-50）。また『資本論』第3巻の最終章では「自由の王国は，事実，窮迫と外的な目的への適合性によって規定された労働が存在しなくなるところで，はじめて始まる」(MEW Bd.25, S.828)と書かれ，自由な活動ではない「労働」が終わらないうちは必然性の王国が存続することになるという。

このように見てくると，マルクスが「私的所有と共産主義」の断片で「人間的活動の疎外された形態」と見なした労働は，使用価値を有する有用物を生産する活動，人間の生存を維持するための活動，すなわち『資本論』の「労働過程」の章で「人間が自然とのその物質代謝を彼自身の行為によって媒介し，規制し，管理する一過程」(MEW Bd.23, S.102)と定義された労働である。この労働が「人間的活動の疎外された形態」と見なされるのは，労働が，生産力の飛躍的な向上による労働時間の短縮を，それによって生まれる自由時間の拡大を，さらに自由時間において本来の人間的活動としての「自己確証行為」ができる条件をもたらすための土台を築く手段として行われる活動だからである。

それではこの「自己確証行為」とはどのような活動なのか。それは，今まで引用してきたマルクスの文章から分かるように，人間の素質や能力および様々な感性として人間に内在する本質諸力を対象化し，それら

が対象化された制作物（Werke）の中にその本質諸力を確認することのできるような活動のことである。このような活動をマルクスは次のように表現している。

「人間は，単に意識の中でのように，知的に自己を二重化するだけでなく，制作活動の面で（werkthätig）現実的にも自己を二重化し，したがって，人間によって創造された世界の中で自己自身を直観する。」(Ebd., S.241)

「人間（Der Mensch）は彼の全面的な本質を全面的な仕方で，したがって，一個の全体的人間として自分のものとする。世界に対する人間の人間的な諸関係のどれも，すなわち，見る，聴く，嗅ぐ，味わう，感ずる，考える，直観する，知覚する，意欲する，活動する，愛するなど，要するに人間個人のすべての諸器官は，その形態のうえで直接に共同体的諸器官として存在する諸器官と同様に，それらの対象的な関係行為（Verhalten）において，あるいは対象に対するそれらの関係行為において，対象をわがものとする獲得（Aneignung），人間的現実性の獲得なのである。対象に対するそれらの諸器官の関係行為は，人間的現実性の確証行為（Bethätigung der menschlichen Wirklichkeit）である。（それゆえにその確証行為は，人間の本質的諸規定や諸活動が多面的であるのと同様に，多面的である）。すなわち，人間的な能動性と人間的な受動的苦悩〔受苦〕（Leiden）とである。なぜなら，受動的苦悩は人間的に解すれば，人間の一つの自己享受だからである。」(Ebd., S.268)

これらのマルクスの言葉の眼目は，多様な能力，素質および感性〔これらをマルクスは人間の本質諸力と呼んでいる〕をもつ人間が，それらを対象化し，制作物のうちにそれらを実現する〔これが「生命発現（Lebensäusserung）」としての自己活動である〕とともに，対象化された制作物の中にそれらの本質諸力が人間的現実性として対象化されてい

ることを確認し〔これが自己享受である〕，自己を直観するということである。そして人間は，この自己活動と自己享受を繰り返し行なうとともにその範囲を拡大して，多様な現実と相互作用を重ねるなかで，自己を全面的に発達した人間として確立していく。このような歴史的発展過程のなかで人間はその個性をさらに発展させていくのである。

またこの一文でマルクスが「自己享受」を「受苦（Leiden）」と言い換えていることの意味をも考える必要がある。すなわち，マルクスは人間の「活動」という言葉で，ヘーゲルが想定しているような精神的活動を念頭においているのではなく，フォイエルバッハの自然的存在としての人間の在り方を示す「受苦的存在者（ein leidende Wesen）」（Ebd., S.298）の身体的活動〔フォイエルバッハはこの自然的存在としての活動を知らない〕を表わそうとしているのである。つまりマルクスの描く人間的生活とは，あくまで自然存在としての人間の自己活動と自己享受なのである。こうした自然存在としての人間をマルクスは次のように特徴づけている。

　「人間は直接的には自然存在である。自然存在として，しかも生きている自然存在として，人間は，一方では，自然的な諸力を，生命諸力をそなえた活動的自然存在であり，これらの諸力は人間の中で様々な素質，能力，衝動として存在している。他方では，人間は自然的，肉体的，感性的，対象的な存在として，動物や植物がそうであるように，受苦している（leidend），制約をうけ，制限されている存在（Wesen）である。」（Ebd., S.296）

このようにマルクスにとって，人間は生命諸力をそなえた活動的な自然存在であるだけでなく，受苦している存在，すなわち自己享受している自然存在なのである。

以上，労働がどうして人間的活動の疎外された形態であるかをマルクスの言葉に沿って辿ってきたが，これに対する答えは，労働の本質の分析と私的所有の疎外された本質の分析，および私的所有の止揚された社

会主義の下での人間的活動の予測的分析から抽出された人間の「自己確証行為」に求められた。この人間の「自己確証行為」が具体的にいかなるものであるかについては，『資本論』やマルクスの後期のその他の著作においても明らかにされていない。今後のわれわれの課題である。

(3) マルクスの「人間的本質」の疎外論

マルクスは『経哲草稿』で「人間的本質」の疎外について次のように三度語っている。

・「疎外された労働は，人間から彼自身の身体を，同様に彼の外にある自然を，また彼の精神的本質を，要するに彼の人間的本質を疎外する。」(Ebd., S.242)

・「一般に，人間の類的本質が人間から疎外されているという命題は，ある人間が他の人間から，またこれらの各人が人間的本質から疎外されていることを，意味している。」(Ebd.)

・「フォイエルバッハの偉業とは，つぎのようなものである。(1) 哲学は，思想のなかにもたらされ思惟によって遂行された宗教にほかならず，したがって，人間的本質の疎外のもう一つの形式，現存様式として〔宗教と〕同様に断罪されるべきだ，ということを証明したこと。」(Ebd., S.276)

このうち3番目の文においては，ヘーゲル哲学の神学的本質が人間的本質の疎外として断罪されている。したがって，哲学が疎外されていると見なされているのは，その宗教的本質においてであると言ってよい。フォイエルバッハによれば，宗教的本質とは神であり，マルクスによれば，「フォイエルバッハは，宗教的本質を人間的本質に解消する」(MEW Bd.3, S.6) という。というのは，フォイエルバッハは，神とは，有限な個人が人類としてもっている理性・意志・心情などの類的本質＝

人間的本質が個々の人間の外に対象化されたものだからある。それゆえ，人間的本質とは，フォイエルバッハにおいては，有限な個人を超えた類としての人類の人間としての性質，すなわち，理性・意志・心情・万能性などである。

　これに対して，マルクスにおいては，人間的本質とは，一言でいえば，これまでの歴史で形成されてきた人間の素質，能力，感覚などの人間の身体と頭脳に存在している「本質諸力」である。この本質諸力としての人間的本質は本質的には人間的感覚であると言ってよいが，「理論的見地から言っても実践的見地から言っても，人間的本質の対象化は，人間の諸感覚を人間的にするためにも，また人間ならびに自然の本質全体の富にふさわしい人間的感覚を創造するためにも，必要なのである」（Ebd., S.270）。そして資本主義的生産においては，人間的本質の対象化＝自己活動は，労働という疎外された形態，しかも賃労働という経済的に疎外された形態，つまり二重に疎外された活動として現われるが，この疎外はこのような人間的感覚の形成のための材料を提供し蓄積するために通らなければならない通過点であり，社会主義・共産主義社会はそれらの材料をもとに人間的感覚の豊かな人間を創造するのである。このような思想をマルクスは次の言葉で表現している。

　「生成しつつある社会が，私的所有の運動を通じて，また私的所有の富と貧困——ないしは物質的ならびに精神的な富と貧困——の運動を通じて，この〔人間的感覚の〕形成のためのすべての素材を見いだすように，生成しおえた社会は，この人間の本質の豊かさ全体をそなえた人間を，すべての深い感覚をそなえた豊かな人間を，その社会の恒常的な現実として生みだすのである。」（Ebd., SS.270-1）

　すなわち，人間的活動の二重に疎外された形態である賃労働は，私的所有の運動，産業の運動を通じて，すなわち富と貧困の蓄積という対立的な生産形態をとおして労働生産力の飛躍的向上をもたらす労働の疎外過程を通じて，未来社会における人間的本質の豊かな発展のための条件

を創り出すのである。

　フォイエルバッハの人間的本質は，マルクスの「フォイエルバッハに関するテーゼ」の第6テーゼにおいて「一個の個人に内在する抽象物」であるとして批判され，「その現実性において，人間的本質は社会的諸関係の総体である」ことが主張された（Vgl. MEW Bd.3, S.6）。たしかにフォイエルバッハにおいては「人間的本質」は抽象物であるが，『経哲草稿』で人間の本質諸力として理解された「人間的本質」は歴史的に把握されており，このような「人間的本質」の理論的・歴史的な把握を土台にしなければ，唯物論的歴史観は貧弱なものになると言わざるをえない。このような意味で，『パリ手稿』におけるマルクスの「人間的本質」の疎外論を復権させる必要があると考える。

おわりに

　以上，これまで『パリ手稿』の物象化論と疎外論を検討してきた。その中で明らかとなった点は数多くあるが，およそ以下の5点にまとめられる。

　第1に，『経哲草稿』「第1草稿」の前段では，人格的な結びつきを通じて形成されている封建的な生産関係の在り方に対比して，資本主義的な生産関係が人格と人格との関係の物象を介した物象的な関係として現われること。第2に，後段の「断片」において，資本主義的生産の下での賃労働が「疎外された労働」としてとらえられ，商品，貨幣および資本が「疎外された労働」の結果としての私的所有の姿態としてとらえられたこと。第3に，「ミル評註」で，それらの中でも貨幣は社会的交通の疎外された姿態としてすべての事態を転倒させる性質をもつ点で物象化をもたらすこと。第4に，「第3草稿」において，労働が人間的活動としての「自己確証行為」の疎外された形態と見なされたこと。第5に，総じて市民〔ブルジョア〕社会における人間の活動は，自己活動＝自己確証行為ではなく，労働として，また労働は賃労働として，二重に疎外された活動として存在すること。

　このように『パリ手稿』においては，その後の『資本論』とその準備

草稿で明示される物象化論と疎外論の形姿がおぼろげながらも端緒的に現われている。第2章では，実践的唯物論が確立した「フォイエルバッハ・テーゼ」と唯物論的歴史観が定礎された『ド・イデ』において物象化論と疎外論がどのように発展していくかを見てゆきたい。

補論1　廣松渉によるマルクス疎外論把握の批判

　廣松渉は，マルクスの疎外論がその理論構制そのものに難点を含むがゆえに超克され，物象化論に「推転」せざるをえなかったと主張する。しかし，この主張を支える彼のマルクス疎外論把握とその批判は，彼自身の理解する疎外論の原型——ヘーゲル『精神現象学』における疎外論——の枠にマルクスの疎外論を無理やり押し込めることによってなされている。以下，「マルクス主義と自己疎外論」（『理想』1963年9月号，『廣松渉著作集第八巻』岩波書店1997年所収—文献①と表示）と『マルクス主義の地平』（勁草書房1969年，再版：講談社学術文庫1991年—文献②と表示）の第八章「『疎外論』から『物象化論』へ」に基づいて3点にわたって廣松によるマルクス疎外論把握を批判する。なおなぜ今になってこのような古い文献の主張を問題とするのかと疑問を呈する向きもあるかもしれないが，その理由は第1に，廣松のこの主張はマルクス疎外論批判の典型であり，しかもいまだに影響力をもっていること，第2に，この廣松の主張を，ヘーゲルの疎外論とマルクスの疎外論の対比的研究に基づいて，言い換えれば，ヘーゲルの『精神現象学』とマルクスの『パリ手稿』のテキストクリティークに基づいて根本的に批判した論稿が（補論2で検討する岩淵論文を含めても）管見のかぎりほとんど存在しないからである。

（1）マルクスの疎外論はヘーゲルの疎外論の踏襲ではない

　廣松は以下の文で，マルクスをヘーゲル学派の無神論者らと十把一からげにして，彼の「対象化」，「外化」および「疎外」などの疎外論に関わる概念の使用法においてヘーゲルの疎外論が踏襲されていると断定す

る。

　「いやしくも『マルクス主義と自己疎外論』を論じようとする限り，しかも『自己疎外』に原理的な意味をもたせようとする限り，少なくとも差当たっては，ヘーゲル的乃至ヘーゲル学派的な語義において，すなわち，マルクスが踏襲している語義において，それを問題にすべきであろう。」(文献①-347頁)

　「この際，論点の鍵をなす『凝固化』『事物化』『対象化』，ひいては，外化された労働，疎外された労働というときの『外化』や『疎外』という概念の意味に留意を要する。これらの用語は，言葉としては後期の諸著作にも現われるが，『経哲手稿』においては，それは特殊ヘーゲル学派的な含意で用いられていることを看過できない。」(文献②-288頁)

このように廣松によると，マルクスの疎外論はヘーゲルの疎外論をその語義において踏襲しているというが，果たしてそうであるか吟味してみよう。ヘーゲルの疎外論は，ヘーゲル哲学の生誕地である『精神現象学』で展開されている。ヘーゲルは『精神現象学』の序論で次のように述べている。

　「ところで精神は対象ともなる。というのは，精神とは，みずから他のものに，すなわち自己自身の対象になり，そしてこの他のものであることを止揚する運動にほかならないからである。感覚的存在に関してにせよ，考えられたにすぎない単純なものに関してにせよ，直接的なもの，無経験なもの，すなわち抽象的なものが，いったん自分を疎外し（sich entfremdet），それからこの疎外（dieser Entfremdung）から自分へ帰ってきて，このことにより，いまやはじめてそれの現実態と真実態において示され，意識の所有となるという，この運動こそ，まさに『経験』と呼ばれるものなのである。」(Hegel Werke 3,

Suhrkamp, SS.38-9)

　すなわち，精神は「経験」という運動をするが，経験とは，精神がいったん精神にとって「他のもの（Anderessein）」，すなわち精神にとって外的な対象となり（これを「疎外する」という），次にこの疎外から自分に帰ってくること（これを「還帰（Zurückkehrung）」という）によって，現実的なものの多様な規定性を自己のもとに獲得して，より豊かな規定性を有する精神となることである。
　マルクスは，このようなヘーゲルの疎外概念と疎外の止揚を次のように「無批判的な実証主義」として批判した。

　「疎外された対象的存在をわがものとする獲得（Aneignung），あるいは疎外の規定——それはどうでもよいような疎遠性にはじまって現実的な敵対的疎外にまで進まざるをえない——のもとでの対象性の止揚は，ヘーゲルにとっては同時に，あるいはむしろ主として，対象性を止揚するという意味をもっている。なぜなら，自己意識にとって障害および疎外となるのは，対象の特定の性格ではなくて，その対象的な性格だからである。」（MEGA Ⅰ/2, SS.297-8）

　つまりヘーゲルにおいては真の存在は精神的なものであるから，疎外とは精神的なものにとって他のもの，すなわち外的な対象であり，したがって対象の外在性そのものが精神にとって癪に障るものであり，止揚されるべきものなのである。これに対して，マルクスにおいては，疎外された存在の「疎外たるもの」は，その対象的存在の特定の性格，すなわちその存在の否定的な側面である。そしてその疎外された存在は否定的側面と肯定的側面の矛盾的統一である。
　したがって，廣松の主張するようにマルクスの疎外論は，その語義において，ヘーゲルの疎外論を決して踏襲したものではない。ヘーゲルにとっては，精神が過程の主体であるから，「対象化（Vergegenständlichung）」は，精神の外なるものへの転化である限り

は「外化（Entäusserung）」であり，対象の外在的性格が精神にとって「癪に触るもの」であるかぎりでは「外化」は同時に「疎外（Entfremdung）」でもある。

それに対し，マルクスの疎外論においては，「対象化」は，第1には，自己確証行為における人間の本質諸力の対象化であり，本質諸力が対象的なものである限り，それは「外化」でもないし，いわんや「疎外」ではなおさらない。この点で「対象化」を「外化」・「疎外」と同一視したヘーゲルとは根本的に異なる。第2に，「疎外された労働」論においては，生産物が労働の「対象化」と規定され，「労働の外化・疎外」は労働者の生産物が彼から分離され資本家の所有物となることと見なされ，また労働そのものが資本家に管理された強制労働となることを意味する。この点からしても，マルクスの労働疎外論においては，ヘーゲルの疎外論とは異なり，「対象化」は「外化」・「疎外」と概念的に明確に区別されていることは明らかである。

この点を詳細に吟味せずに乱暴にマルクスの疎外論を絶対精神の疎外とその止揚過程としての歴史把握というヘーゲル的疎外論の枠に無理やり押し込めることほど非学問的なものはない。

（2）マルクスの疎外論に特別な主体概念はない

廣松は，疎外論は特別な主体概念と不可分であるとし，マルクスの疎外論も疎外論である限り例外ではないと次のように主張する。

「元来，自己疎外ということは，特別な主体概念と不可分である。周知の通り，ヘーゲルにおいては，彼のいわゆる「精神」がかかる主体概念であった。」（文献①－347頁）

「この手稿におけるマルクスは，ヘーゲル哲学の『合理的核心』をば，とりわけ否定の否定ということのうちに，しかも『自己疎外の論理としての弁証法』のうちに認め，この核心を継承しようと試みる。ただし，この際彼はヘーゲルを換骨奪胎して，自己疎外の主体と疎外

態とを，単なる精神的なものとしてではなく，フォイエルバッハにしたがいつつ，此岸的現実的に把え直している。かかる現実的自己疎外の主体，それがかの同時に自然存在でもあるところの『類的存在』としての『人間』である。」（文献①-350頁）

しかし，マルクスにとっては，「疎外された労働」論という疎外論の理論構制自体がヘーゲルの疎外論とは異なる。ヘーゲルにおいては，精神が過程の主体として前提されているが，マルクスにおいては眼前に見いだされる現実の「労働」の在り方が「疎外された労働」として把握される。この労働の「疎外された」という規定は，現実に存在する労働の実態からその否定的側面として抽象され，その現実の存在する労働はその否定的側面と肯定的側面（これも抽象されたものである）との矛盾的統一として把握される。市民社会における労働の肯定的側面とは，『資本論』において「人間が自然とのその物質代謝を彼自身の行為によって媒介する一過程」（MEW Bd. 23, S.193）として規定された労働，人間の永遠の生存条件としての対象的自然の加工である。したがって，マルクスには歴史を何らかの主体の「疎外」過程であるという把握自体が存在しないのである。

なおパリ時代のマルクスには労働自体を疎外された人間的活動と把握する疎外論と「人間的本質」の疎外論がある（この二つの疎外論は第1章で考察した）ことも事実である。前者は『ドイツ・イデオロギー』にも継続して存在する。一方，後者は「類的本質（存在）」の疎外とも呼ばれている。マルクスのこの概念の使用法においては，廣松の主張するように「類的本質（存在）」が歴史における疎外過程の主体とされているわけではない。というのは，『経哲草稿』における用語法という子細ではあるが重要な点にこだわれば，「疎外された労働は，(3)人間の類的本質を，すなわち自然をも人間の精神的な類的能力をも，人間には疎遠な存在とし，それらを人間の個人的生存の手段としてしまう」（MEGA I／2, SS.241-2）という表現に見られるように，あくまで「類的本質（存在）」は，人間の身体を含めて「類としての能力〔本質諸力〕」を指

しているだけであり，決して歴史の主体として設定されるような実体ではないからである。このようにマルクスの表現法を詳しく注意深く見ていけば，廣松のいう疎外論固有の主体設定論は，無理やりマルクスの疎外論をヘーゲル疎外論の枠組みに収めようとする強引な手法であり，決して首肯できない。

　一方，「人間的本質」の概念は「フォイエルバッハ・第6テーゼ」において「社会的諸関係の総和」という現実性において把握し直されたことにより，『ドイツ・イデオロギー』以降のマルクスの書いたものにおいては使用されなくなった。ただしこのことをもって，マルクスの疎外論が物象化論に「推転」したとはいえない。この点に関しては「補論2」で論じる。一方，マルクス・エンゲルスの死後以降の西欧の歴史に目を転じれば，「人間的本質」の概念の重要性を見直さなければならないことが分かるだろう。すなわち，第1次世界大戦以降，社会主義政権の成立と資本主義諸国における重化学工業の発展および相次ぐ戦争や粛清による大量の人間虐殺によって人間そのものが滅殺され，人間性の破壊が生じた。それによって，人間を単に社会的存在として把握するだけでいいのか，人間性とは何なのか，人格とは何なのか，が改めて問われるようになってきた。このようなときにマルクスの『経哲草稿』が発見された。そしてここに見られる「人間的本質」の概念は，第1章で考察したように，唯物論的歴史観の基礎にある自然的・人格的・社会的人間としての人間把握であった。この中でも特にマルクスの人格＝人間的本質としての人間把握は，マルクス主義の人間論を発展させる重要な要素を含んでいる。今こそ『パリ手稿』の「人間的本質」の疎外論に基づいてマルクス主義の人間論を復権させるときではないか。

（3）マルクスの疎外論は「本然的状態」を設定していない

　廣松は以下の文において，常識的な自己疎外論でも理想化された「本然的人間」を前提しており，その背景にはある一定の人間観が潜んでいるとして，常識的な自己疎外論をさえ攻撃する。

「非人間化,非本来的な状態,等々という時,それは人間らしい人間,本来的な状態,何かしらそういったものと対比されている筈である。この意味において,常識的な自己疎外論といえども,何かしらそういった『本然的人間』を前提しており,その限りにおいてのみ意味をもつものである。しからば,本然的人間とはいかなるものか。それはいつどこに実在したのか。それがもしかつて実在したことのない理想化的構想物だとするならば,いったいどういう根拠でそれが人間本来の姿だと主張できるのか。このように問うてみれば,かの『常識的自己疎外論』の背景には一定の哲学的人間学がひそんでいることが判ろう。問題なのは『この人間観』なのである。」(文献①-360頁)

　しかし,誰しも認めるように,人間は社会的存在であり,快適な社会生活を送るためにはたえず眼前の社会形態を変えていかざるをえないし,そうしてきた。たとえば,第2次世界大戦後のドイツ国民は,戦争や侵略を行なう社会を「非人間的な社会」とみなし,そのような社会形態を変革してきた歴史がある。このように「非人間的な社会」という価値判断は,決して「人間的な社会」という「理想化的構想物」から生じたものではなく,戦争や侵略で殺戮を行なう現実の行為を直接的または間接的に目撃した経験という実在的な根拠から生じるものである。「殺戮行為」が人間的ではない,すなわち肯定されるべきものではなく否定すべきものである,という判断は,自分が人間として生きており,他の人々とともに暮らしているという実在的な生活の体験から生じるものであり,この判断には実在的な生活実感が根底にある。また例えば,現存の社会形態を変革しようとする或る非正規労働者の意志と価値判断は,一方には投資家たちのうちに大量の富が蓄積されるのに,自らには動物的生存をかろうじて維持できる最低限の賃金しか獲得できないという実在的な生活実感を根拠に生じてくるのである。

　それにもかかわらず,廣松は,「疎外論的発想」には,ある事態を「非人間的状態」と見なす価値判断が必然的に伴い,それは「人間的状態」という本来的な理想的状態に関する観念を前提していると批判す

る。しかし，このような価値判断は，人間が労働と社会的活動を通じて自己の生活を維持・発展させていくという実在的な生活実感を根拠に生じてくるものであり，何ら一定の哲学的人間学が背景にあるからではない。人間だれしもそれぞれ価値観を持っているのは，各人が固有の生活実感をその前提としてもっているからであり，そのことは何ら不思議なことではなく，人間が人として生活している限り当然のことである。

　したがって，変革的実践と現実批判を志向するマルクスの疎外論だけでなく日常的な疎外論的発想に対しても，それがどこにも実在しない「本来的な状態」という観念を背景に想定しているとする廣松の批判は，彼が人々の日常生活における生活実感を知らないという哲学者にありがちな無知から生じたものにすぎず，そもそも批判たりえていない。

注
（1）「ニコライ・N・ラーピン／細見英訳「マルクス『経済学・哲学草稿』における所得の三源泉の対比的分析」（『思想』1971年3月）を参照。
（2）この「疎外された労働」の第1規定は，「事物の疎外」と呼ばれることがある。望月清司はこれを「自然の疎外」とみなす。それは「こうして〔労働が自然を客体として加工することで―筆者〕自分を自然とは別の〔疎遠な，よそよそしい〕存在として定立することで，自然から遠ざかる（あるいは自然を遠ざける）。これが『自然の疎外』である。」望月清司「労働・疎外・交通」（『社会認識と歴史理論』森田桐郎・望月清司編，日本評論社，1974年，145頁）さらに同氏によると，「同時に自然の疎外でもあらねばならない事物の疎外は，『労働』という人間の自己実証の行為ときりはなせないものであることがわかる。」（同上146頁）しかし，こうした理解では労働の本質に疎外が根差していることになり，疎外の歴史的・社会的原因の解明の道を閉ざすことになる。
（3）拙著『マルクス疎外論の射程』社会評論社，2016年，179頁。
（4）工藤秀明「『経哲』第三草稿『自然の真の復活としてのゲゼルシャフト』論・覚書（下）『経済研究』千葉大学，第12巻第1号，1997年6月，49頁。

第2章 『ドイツ・イデオロギー』と物象化論・疎外論

　『パリ手稿』と「フォイエルバッハ・テーゼ」との間には，「疎外論から物象化論へ」（廣松渉）とか「認識論的断絶」（アルチュセール）と言われる思想の転換があるという主張が従来からある。このような主張を検討することは，マルクスの物象化論と疎外論の形成過程を考察するにあたっては避けて通ることはできない。しかし，この問題に関しては，特に廣松の伝来の主張に関しては，補論2で扱うこととし，本論では彼の見解に関わる項目があればそこで随時触れることとする。

第1節　「フォイルバッハ・テーゼ」と物象化論・疎外論

　「フォイエルバッハ・テーゼ」そのものにおいては，マルクスの物象化論と疎外論が展開されているわけではないが，これらの理論に関連する概念や思考方法に関わる重要な思想が表明されている。特に「第4テーゼ」は疎外論に，「第6テーゼ」は物象化論に関わるマルクスの思想を含んでいる。以下，この二つのテーゼの検討を通じてこの段階でのマルクスの思想と疎外論・物象化論との関係を明らかにしたい。

（1）「第4テーゼ」と疎外論

　以下に示す「第4テーゼ」においてマルクスは，フォイエルバッハが宗教的疎外を暴いたこと，つまり人間的本質が神的本質のうちに疎外されていることを明らかにし，さらに宗教的な本質〔神〕を世俗的な本質〔人間〕に解消したことを彼の功績として評価する。しかし，肝心なことは世俗的な本質そのもののうちに矛盾を見いだし，それを変革することであるとマルクスは指摘する。

「フォイエルバッハは，宗教的な自己疎外という事実，すなわち世界が宗教的な世界と世俗的な世界とに二重化するという事実から出発する。彼の仕事は，宗教的な世界をその世俗的な基礎に解消することにある。しかし，世俗的な基礎がそれ自身から浮き上がって，一つの自立した国が雲の中に固定されるということは，ただ，この世俗的な基礎の自己分裂と自己矛盾からのみ説明されうる。だから，この世俗的な基礎そのものが，それ自身において，その基礎そのものの矛盾のなかで理解されなければならないのと同様に，実践的に変革されなければならない。だから，たとえば，地上の家族が聖なる家族の秘密として暴かれたあとにおいては，今や地上の家族それ自身が理論的かつ実践的に廃絶されなければならない。」(MEW Bd.3, S.6)

マルクスは『独仏年誌』に掲載された「ヘーゲル法哲学批判序説」のなかで，「宗教の批判は本質的にもう終わっている」と述べ，「神聖でない姿での自己疎外の仮面を剥ぐこと」を自らの課題とした（MEW Bd. 1, S.378）。マルクスはその仕事を『パリ手稿』で果たし，労働の疎外に集約的に現われた「現実的疎外」としての「経済的疎外」（MEGA Ⅰ／2, S.264）を宗教，家族や国家等々の疎外の現実的基礎として把握した。そして彼は，「私的所有の積極的止揚としての共産主義」のうちにこの経済的疎外の現実的止揚を見いだした。

しかし，『パリ手稿』から半年ないしは１年後に書かれたと思われる「フォイエルバッハ・テーゼ」においては，以上に示した「第４テーゼ」に見られるように，宗教的疎外の基礎を現実的世界の疎外に見いだす疎外論の論理は存在せず，むしろ宗教的疎外の基礎は「世俗的な基礎の自己分裂と自己矛盾」からのみ説明できるとする矛盾の論理がそれに代わって登場している。ただし，これによってマルクスにおいて疎外の論理が消滅したなどと拙速に判断してはならない。これから約１年後に書かれたと思われる『ド・イデ』においては再び疎外の論理が見られるからである。それでは，「第４テーゼ」に疎外の論理が見られないのはどう解釈すればいいのか。それは疎外論の基礎に矛盾の論理という客観的

存在の発展の論理が据えられたと理解すればいいのではないか。それが唯物論的歴史観〔略して「唯物史観」〕として『ド・イデ』において結実すると考えられる。

　ところで，このような「テーゼ」におけるマルクスの思想的発展を廣松渉は「"フォイエルバッハとヘスとの中間の立場"からほぼ完全にヘスの立場に移行した」と特徴づけている(1)。こうした見解について一言すれば，もともとヘスは，廣松も言うように，「フォイエルバッハの宗教批判の論理，人間の類的本質の自己疎外という論法を社会経済問題に適用し，そのことによって社会主義的・共産主義的な結論を導き出そうと企て」たフォイエルバッハの亜流である(2)。廣松は，「フォイエルバッハ・テーゼ」において，「テオリーに対してプラクシスを特別な含意で対置してきたチェスコウスキー・ヘスの立場がそのまま採用されるに至っている」(3)と言うが，ヘスの「実践」概念はフォイエルバッハと同様の「小商人の世界」の「実践」(4)であり，マルクスの「変革的実践」の概念とは根本的に異なるものである。このように，マルクスの思想的発展をヘーゲル左派の誰かからの影響を受けてのものと見なす見解は，マルクス自身において生じた内発的な思想の発展を無視するものであり，決して容認できない。

（2）「第6テーゼ」と物象化論・疎外論

　以下に示す「第6テーゼ」においてマルクスは，フォイエルバッハのように「人間的本質」を「類」というその抽象的な在り方においてではなく，「社会的諸関係の総和」というその現実的な在り方においてとらえる必要があると主張する。

　　「フォイエルバッハは，宗教的本質を人間的本質へ解消する。しかし，人間的本質は何ら個々の個人に内在する抽象物ではない。それは，その現実的な在り方においては（In seiner Wirklichkeit），社会的諸関係の総和（ensamble）である。
　　この現実的本質の批判に立ち入らないフォイエルバッハは，した

がって次のようにならざるをえない。
 1．歴史的経過を度外視して，宗教的な心情をそれだけで固定し，抽象的な――孤立した――人間的個人を前提する。
 2．したがって，本質は，ただ『類』としてのみ，多くの個人を自然的に結びつけている，内的で物言わぬ一般性としてのみとらえられる。」（MEW Bd.3, S.7）

　ここで「本質」と訳したドイツ語の原語は Wesen であるが，『経哲草稿』の英訳者であるミリガン（Martin Milligan）によると，この語は「本質（essence）」という意味だけでなく，「存在（being）」の意味もあるという[5]。彼は「第6テーゼ」で用いられた menschliche Wesen を「人間的存在（human being）」の意味に解している。さらに彼は Wesen の第3の意味として，「集合体（collection or aggregate）」を挙げている。マルクスが「人間的本質」を「社会的諸関係の総和」と理解したのは，この第3の意味を想定してのことだろう。
　さて，この「第6テーゼ」においてマルクスが，人間的本質を社会的諸関係の総体ととらえるに至ったのは，彼のより若い時からの思想傾向，すなわち「人間とは人間の世界のことであり，国家であり社会（Sozietät）のことである」（MEW Bd.1, S.378）とする客観的かつ現実的な人間把握によるものであることは周知のことである。この思想傾向は『パリ手稿』ではさらに発展して，「個人とは社会的存在（*ein menschliche Wesen*）である」（MEGA Ⅰ／2., S.267）という表現となって現われる。ただし，一方では，「人間的本質」を人間の身体的かつ精神的な能力および素質としてとらえる人間学的把握も存在していた。そしてこの二つの理解の仕方は，「ミル評註」における次のような表現，「各個人の本質，すなわちただ彼自身の活動，生活，享受，富であるような社会的存在（gesellschaftliches Wesen）」（Ebd., S.452）という表現においては統一されていた。したがって，1844年段階ではマルクスの「人間的本質」の理解は二面的（一方〔＝客観的把握〕はヘーゲル思想の流れを汲むものであり，他方〔＝人間学的把握〕はフォイエルバッハ

的理解である）ではあったが，統一的に理解されていた。しかし，それにもかかわらず，マルクスが「第6テーゼ」において「人間的本質」のフォイエルバッハ的な抽象的理解を排して現実的・客観的把握を打ち出した背景には，フォイエルバッハへの手紙（1844年8月11日）のなかでフォイエルバッハの人類の概念が社会の概念以外のなにものでもないことを，「人間の実在的区別に基礎づけられた人間と人間との統一，抽象の天国から現実の地上へ引きおろされた人類（Menschengattung），それこそ社会（Gesellschaft）の概念以外の何でしょうか！」という言葉で伝え（Werke Bd.27, S.425），現実的批判に乗り出すことを訴えたにもかかわらず，結局，フォイエルバッハから協力を断られた経緯があると思われる。

　こうして『経哲草稿』に存在した「人間的本質」の人間学的理解がフォイエルバッハ的な抽象的把握として排除されたが，それとともに「人間的本質」の疎外論も廃棄されたと見なさざるをえない。ただし，後述するように，労働疎外論は『ド・イデ』においても維持・発展させされているとともに，第1章で述べたように「人間的本質」の疎外論も唯物史観を支える人間観として復権すべきであることは言うまでもない。以上が疎外論にとって「第6テーゼ」がもつ意味である。

　次に「第6テーゼ」は物象化論にとってどういう意味をもつのか。周知のように，廣松渉はこのテーゼにおける「人間的本質＝社会的諸関係の総体」の概念の成立にマルクスにおける物象化論の成立だけでなく疎外論の止揚をも見る。ただしこのテーゼによって疎外論が止揚されたと見ることが正しくないのは，このテーゼによって労働疎外論が廃棄されたわけではないことからも明らかであり，この点については詳述しない。

　確かに「第6テーゼ」によって人間は社会的な存在と見なされ，「社会的諸関係」という新しい地平が切り開かれた。ではこの「新しい地平」とは何か。

　廣松によれば，それは「疎外論の地平から『物象化論』の地平へ」（『唯物史観の原像』の第1章・第3節の題名）であり，この新しい地平

は「主体概念たる人間を『社会的諸関係の総体』として把え返」すことで開かれる[6]。そして廣松にとって物象化とは「関係態の物象化」[7]であるという。要するに，廣松によると，これまでの疎外論の地平は，例えば「人間」という特別な主体概念がまず立てられ，この主体の客体化，すなわち「対象化・外化・疎外」〔ヘーゲルと同様にこの三つの概念を同一と見なすところに廣松の理論的誤りがある〕によっていったん主体が客体となるが，さらにその疎外の回復と止揚によって，再び主体を取り戻すという概念展開の論理，すなわち歴史の観念論的な把握にあった〔見られるように，廣松には疎外論はすべてヘーゲル的な概念展開論であるという先入見がある〕。しかし，人間が「社会的諸関係の総和」ととらえられることによって，特別な主体概念の定立に基づくこのような近代的な主体―客体図式は乗り越えられたという。これによって成立した新しい地平は，確かに唯物史観ではあるが，廣松によると，「疎外論の地平から物象化論の地平への飛躍」は「唯物史観の視座設定と相即する」という[8]。つまり廣松にとって「第6テーゼ」で新しく開かれた地平とは歴史とその唯物論的な叙述なのであるが，この唯物論的な歴史把握の地平は「社会的諸関係」の物象化の地平と相即的，すなわちほぼ同一の地平なのである。つまり歴史が人間の統御できない法則を有するのは，歴史において社会的諸関係が物象化されていて人間はその物象の論理に支配せざるをえないからなのである。言い換えれば，歴史に法則性があるのは，歴史が人間の生命の維持と発展という唯物論的基礎に規定されているからではなく，人間の社会的諸関係が人間の制御できない物象となって人間を支配するからにほかならないからであるというわけである。以上が廣松の「疎外論の地平から『物象化論』の地平へ」の論理の概略である。

　それでは「第6テーゼ」で「人間的本質」が「社会的諸関係の総和」と現実的に理解されたことは，マルクスの物象化論にとってどのような意味をもつのか。それは「社会的諸関係」の地平が開かれることによって，①商品，貨幣および資本などの物象的な富を人格と人格との社会的諸関係に還元することが可能となったこと，それによって逆に，②それ

らの物象的な富を社会的生産諸関係の物象化の所産として把握し，③それらの物神性を剥ぎ取ることが可能となったという意味をもつ。またそれによって同時に資本主義的生産を歴史的に過渡的な生産形態と見なす唯物論的歴史観の形成を導くこととなったわけである。

第2節 『ドイツ・イデオロギー』における物象化論と疎外論の混在

　周知のように『ド・イデ』において唯物論的歴史観が確立されたが，それは岩淵慶一氏が指摘したように[9]，『経哲草稿』でマルクスが提起した「どのようにして人間は自己の労働を外化し，疎外するようになるのか」（MEGA I / 2, SS.245-6）という問いに答えを見いだそうとする研究の結果であった。すなわちマルクスは「フォイエルバッハ章」の最後のメモで，「諸個人の諸関係が彼らに対して自立化するものになるということ，彼ら自身の諸力が彼らを圧倒するものになるということは，どこから起こるのであろうか」と問い，「一言でいえば，分業（die Teilung der Arbeit）であり，そしてそれの諸段階はその時々の発展させられた生産力に依存している」と答えた（DI, S.100）。そして『ド・イデ』における唯物史観はこれまでの歴史を分業の自然生的な発展過程として理解する。たとえば次のように。

　引用文①：「そして最後に，分業は，われわれにただちにつぎのことについての最初の例を示す。すなわち，人間たちが自然生的な社会にある限り，したがって，特殊的利害と共同的利害との間の分裂が存在する限り，したがって，活動が自由意志的にではなく自然生的に分割されている限り，人間自身の行為が，人間にとって，疎遠な（fremd）対立する力（Macht）となり，人間がこの力を支配するのではなく，この力が人間を抑えつけるということである。……　社会的活動のこの自己固定化，われわれを支配する物象的な力（sachliche Gewalt），すなわち，われわれの統制が及ばないほど大き

くなり，われわれの予想を裏切り，われわれの目算を無にする物象的な力へのわれわれ自身の産物のこのような硬化は，これまでの歴史的発展における主要契機の一つである。」(Ebd., SS.20-21)

　この引用文の前半では，人間の活動ないしは行為が人間にとって「疎遠な」対立する力となる事態が説明されている。この説明で注意すべきは，人間に対立する力は人間にとって「疎遠な」ものとして現われると表現されていることである。その点でこの説明はいわば「疎外論」的であるといってよい。
　これに対して後半では，われわれの産物がわれわれを支配する「物象的な」力へ硬化する，と表現されている。この説明は，われわれを支配する力を「物象的な」力と表現していることから分かるように，いわば「物象化論」的である。
　この文を書いたのはエンゲルスであるが，マルクスとの討論で一致した考えを前提としているので，この地の文に盛られた思想はマルクスのものだともいえる。ただし，マルクスはエンゲルスの地の文の右欄に補筆をしている。すなわち，この引用文の直後の右欄に次のような書き込みをしている（そのはじめの部分だけ引用する）。

　引用文②：「この『疎外』――ひきつづき哲学者たちに理解しやすくするためにこう言うのだが――は，もちろん，二つの実践的前提の下でのみ止揚されうる。」(Ebd., S.21)

　このように左欄でエンゲルスが述べた事態を指してマルクスが「この『疎外』」と表現している限りでは，先の引用文に見られる，疎外論とも物象化論とも解釈できる理論をマルクスは疎外論と受け止めていると判断しなければならない。つまりマルクスにおいては，物象化の事態は自覚的に物象化とはとらえられておらず，疎外概念のもとで把握されていたと見なさざるをえない。
　しかし，次に示す別の箇所では「社会的諸関係の自立化」についての

指摘が存在する。

引用文③:「諸個人は,いつでも自分自身から出発したが,しかし,もちろん,彼らの与えられた歴史的な諸条件と諸関係の内部での自分自身からであって,イデオローグたちのいう意味での『純粋な』個人からではない。しかし,歴史的発展の経過の中で,そしてまさに,分業の内部では避けられない社会的諸関係の自立化によって,各個人の生活の間にある区別,すなわち,人格的である限りでの生活と,労働の何らかの部門およびそれに属する諸条件のもとに服属させられている生活との間の区別が現われる」(Ebd., S.74)

見られるように,「第6テーゼ」で発見された人間の「社会的諸関係」が分業の発展の下で「自立化」する事態がここで把握されている。ここで「自立化」が「物象化」と同義ではないにしても,前掲の引用文①の後半部から,われわれはマルクスとエンゲルスが「自立化」した「力」を「物象的」であると見なしている可能性は大いにあると推測できる。しかし,後期マルクスに典型的な「社会的諸関係の物化」の概念を展開した記述は明確には存在しない。したがって,『ド・イデ』で物象化論が確立されたとは言い難い。また「交通形態」という概念は登場してもそれに代わるべき「生産諸関係」の概念はいまだ出現していない。このため,物象化論の根幹をなす「生産諸関係の物象化」の概念も未確立である。このように『ド・イデ』において唯物史観の諸概念が未完成であったことが,この段階での物象化論の疎外論からの分離を妨げたと考えられる。

これまで見てきたことから明らかとなったのは以下のとおりである。1845年から1846年にわたる時期においては,一方で「人間的本質＝社会的諸関係の総体」の概念が成立したことによって,第1に,人間的本質の疎外論が廃棄されたこと,第2に,物象化論の基底的概念というべき「社会的諸関係」概念が定礎されたこと,しかし他方では,「生産関

係」概念の未確立によって，「物象化」されたものとして把握されたのは「生産諸関係」ではなく，人間の活動の産物が人間にとって「疎遠」で自立的となった「力」，唯物史観の用語でいえば「生産諸力」であること，したがって物象化論は物象化論としてではなく疎外論として把握されたこと，以上である。このことから，この段階でマルクスの思想が「疎外論から物象化論へ」転換を遂げたという廣松渉の解釈は成り立たないことが分かる。この点についての詳細は補論2で展開する。

補論2　岩淵―廣松論争の検討
――「哲学的意識の清算」とは何か

　表題に掲げた「岩淵―廣松論争」とは1973年から1975年にわたって雑誌誌上で繰り広げられた論争である。この論争は，廣松渉の「疎外論の論理から物象化論の論理へ」という成句で象徴的に表わされるマルクスの思想的転換の理論に対する岩淵慶一氏の批判からはじまり，廣松の反批判を経て，岩淵氏の再批判で終わった。両者の論争文はそれぞれ岩淵慶一『神話と真実―マルクスの疎外論をめぐって―』（時潮社，1998年）と『廣松渉セレクション第3巻　読み直されるマルクス』（情況出版，1995年）に収められているので，この補論はそれらをもとにする。なお論争は後期マルクスにおける物象化論や疎外論の解釈にまで及んでいるが，ここでは議論を1845-6年段階におけるマルクスの思想に限定する

（1）論争の概要

　論争の概要を示すに先立って，論争当事者たちが自らの主張の典拠とした『ド・イデ』のなかの四つの文章をまず提示しておこう。

　引用文①：「もはや分業のもとへ服属させられることのない諸個人を哲学者たちは理想として『人間というもの（der Mensch）』の名のもとに表象し，われわれが述べてきた全過程を『人間というもの』の発

展過程と解してきた。その結果，それぞれの歴史的段階にあるこれまでの諸個人に『人間というもの』が押しこまれ，それが歴史の推進力として叙述された。こうして，全過程は『人間というもの』の自己疎外過程と解されたのであって，その理由は，本質的に，後の段階の平均的個人がつねに前の段階に押しこまれ，後の意識が前の諸個人に押しこまれたことにある。そもそものはじめから現実的諸条件を度外視するこのような転倒によって，全歴史を意識の一発展過程に変えることが可能であった。」(DI, S.92)

引用文②:「この〔フォイエルバッハによって生じた〕問題はドイツの理論家たちにとってすら唯物論的な〔観方〕，無前提的な〔観方〕ではなく，現実的な物質的な諸前提そのものを経験的に観察するそしてそれゆえにはじめて現実的な批判的な世界の観方への道を拓いた。この成り行きはすでに独仏年誌のなかで示唆されていた〈(特に72ページ)。尤も〉『ヘーゲル法哲学批判序説』および『ユダヤ人問題に寄せて』のなかで。これは〈しかし〉当時〈理論的な一書の臨機に，ゆえにまた必然的に一般的哲学的な表現様式でおこなわれた〉まだ哲学的な〈言い廻し〉用語法でおこなわれたため，ここに〈まだ〉慣習的に〈そして偶然的に存在する〉紛れ込んでいる哲学的な表現，"人間的本質"とか"類"とか等々がドイツの理論家たちに〈そこで与えられている現実的な諸展開を〉現実的な展開を誤解して〈彼らの目的にかなうように歪曲する〔機縁を与えた〕〉要件はここでもまた彼らに着古した理論的上着を新たに裏返しするだけのことだと信じ込むのに好都合な機縁を与えた。」(_____は加筆部，・・・はワイデマイヤーの挿入，訳文は廣松によるもの〔廣松，前掲書69頁〕)(MEW Bd. 3, SS.217-8)

引用文③:「そして最後に，分業は，われわれにただちにつぎのことについての最初の例を示す。すなわち，人間たちが自然生的な社会にある限り，したがって，特殊的利害と共同的利害との間の分裂が存在

する限り，したがって，活動が自由意志的にではなく自然生的に分割されている限り，人間自身の行為が，人間にとって，疎遠な（fremd）対立する力（Macht）となり，人間がこの力を支配するのではなく，この力が人間を抑えつけるということである。……社会的活動のこの自己固定化，われわれを支配する物象的な力（sachliche Gewalt），すなわち，われわれの統制が及ばないほど大きくなり，われわれの予想を裏切り，われわれの目算を無にする物象的な力へのわれわれ自身の産物のこのような硬化は，これまでの歴史的発展における主要契機の一つである。」(Ebd., SS.20-21)

引用文④：「この『疎外』——ひきつづき哲学者たちに理解しやすくするためにこう言うのだが——は，もちろん，二つの実践的前提の下でのみ止揚されうる。」(Ebd., S.21)

a 岩淵氏の廣松批判

　岩淵氏は廣松によるマルクス思想の転換論を次のようにまとめている。「要するに，疎外概念は，1844年に書かれた『経済学・哲学草稿』などのマルクスの初期の諸著作においては中枢的な概念であったが，しかしこの概念にもとづく疎外論は本質的な欠陥をもっていたために，すでに1845-6年に書かれた『ド・イデ』においては批判され超克され，後期マルクスの『物象化』論によってとってかわられた」（岩淵，前掲書69頁）。

　このような廣松の主張に対する岩淵氏の批判の論点は以下の6点にまとめられる。

論点(1)：『ド・イデ』に見られる疎外論批判は，引用文①に見られるように，疎外論一般に対する批判ではなく，「全歴史を意識の一発展過程に変えてしまうような特殊な観念論的歴史観」に対する批判である（岩淵，前掲書75頁参照）。

論点(2)：『ド・イデ』の著者たちは，『独仏年誌』の2論文および『経哲

草稿』と『ド・イデ』との間には基本的な連続性が存在すると主張している（同上 77 頁）。

論点(3)：マルクスが自己批判したのは，もっぱら用語法上の問題についてであり，特殊ヘーゲル学派の諸用語についてであった。しかもかれがそうしたのは，それらの諸用語の使用によって自分の理論が誤解されるおそれがあったからなのである（同上 79 頁参照）。

論点(4)：マルクスたちは，誤解されさえしなければ，「人間自身の行為が，彼にとって疎遠な，対立する力となり，人間がそれを支配するのではなく，かえってそれが人間を隷属させる力になっている」ような状況を「疎外」と呼んでも差し支えないと考えている（同上 82 頁参照）。

論点(5)：マルクスは，『経哲草稿』で「対象化」と「疎外」あるいは「外化」とを非常に明確に区別して用いている（同上 91 頁参照）。

論点(6)：廣松氏の「主体概念の転換」および「マルクス的に理解された主体概念」は，マルクスの見解の根本的な誤解に基づくものであり，マルクスの見解とはまったく両立しがたいものである（同上 107 頁参照）。

b 廣松氏の反批判

　岩淵氏の批判に対する廣松の反論の大半は次のようなもの，すなわち，岩淵氏が廣松批判の典拠として援用した『ド・イデ』からの引用文は，アドラツキー版担当者やワイデマイヤーによって加筆された疑いがあるので，そのままマルクスの見解を表わしているとは言えない，という文献考証に関わるものである。しかし，加筆云々などは今では確かめようのないことであり，それを盾に岩淵氏の反論を疑わしいとする廣松の論法は論争に決着をつけるものには決してならない。

　以下，岩淵氏の挙げた(1)から(4)までの論点に対する廣松の反批判を列挙する。なお(5)と(6)の論点に関する廣松の明確な批判は存在しない。というのは廣松の反論が未完に終わったためである。したがって，この論

点に関しては廣松の既存の著作にある記述に基づいて検討するしかない。

論点(1)への反論：『ド・イデ』での「観念論的な疎外論」に対する批判が一時期のマルクス・エンゲルス自身の論理構制にとっても自己批判的に突き刺さるものである（廣松，前掲書 23 頁参照）。

論点(2)への反論：『ド・イデ』執筆期のマルクスは，モチーフや方向性の面でもすでに『独仏年誌』時代に較べて自らの思想が飛躍的な発展を遂げていることを自覚していた（同上 45 頁参照）。

論点(3)への反論：『ド・イデ』執筆前後の時点におけるマルクス自身の文典に見られる変化を検討してみることなく，用語法がまずい点があっただけだという趣旨の議論を展開するのは文典解釈や初歩的な手続きにすら悖るものである（同上 46-7 頁参照）。また引用文②に見られる"人間的本質"とか"類"とかいう哲学的表現が，ヘーゲル学派的な語義・含意で用いられていたことをむしろ認める形になっていないか？（同上 72 頁）

論点(4)への反論：かつて「疎外」という言葉で僭称していた事態は，「疎外」という概念では剴切には表現できないということの自覚，この自覚が『ド・イデ』の時点で対自化されるに至った（同上 104 頁参照）。

c 岩淵氏の再批判

岩淵氏は廣松の反批判を「仮説」と呼んで，次のように要約している。「『経済学・哲学草稿』当時のマルクスの疎外論は本質的な諸欠陥をもっていたために，1845〜6 年に書かれた共著『ド・イデ』において批判され超克されてしまった。そして疎外論超克後マルクスは独特な『物象化』論なるものを採用したが，これこそはマルクス主義の新しい

質を特徴づけるものである」(岩淵，前掲書203頁)。

次に岩淵氏は廣松の反批判に対して主に2点わたって再批判を展開している。第1に，「人間のもっとも基本的な活動である労働の疎外こそが人間の生活の諸領域における自己疎外のもっとも規定的かつ決定的な形態である」(同上205頁)こと，したがってマルクスの疎外論が基本的に労働疎外論であり，それが労働者の隷属状態からの労働者の解放を通じての人間解放論であること，そしてこのような労働疎外論は，後期の『資本論』やその準備草稿などにおいて，資本主義的生産における労働生産物による労働者の支配という主客の転倒した事態が指摘されていることのうちに引き継がれていると主張することによって，岩淵氏は初期の「疎外された労働」論が後期マルクスにも継承されていることを明らかにする。

第2に，ワイデマイヤーが，「原稿が『ドイツに運ばれるあいだにも添削を加える機会をもっていた』云々のような，検証あるいは反証がまったく不可能な着想にもとづいて議論を進めるやり方」(同上212頁)は学問的良心に悖るものだとしながら，引用文③と④にもとづいて，「このパラグラフを廣松氏の図式にとらわれずに読むならば，ここで叙述されているのは，自然発生的な分業によって，人間たちが彼ら自身の力，彼ら自身の行為，彼ら自身の生産物を支配しコントロールすることができなくなり，彼らの生活の諸要素の方が逆に人間を支配しているという悲惨な状態であること……は明白である」(同上216頁)と述べて，これらの引用文が物象化論ではなく疎外論を展開したものであると主張する。

以上が岩淵氏による再批判の概要である。

(2) 両者の主張の検討

以上，岩淵氏と廣松の論争のあらましを見てきたが，そこで特徴的なことは，岩淵氏が再批判で，後期マルクスに継承されている初期マルクスの疎外論を労働疎外論に絞っていることである。まずこのことの持つ意味を検討することからはじめたい。

a 『ドイツ・イデオロギー』における疎外論批判はマルクスの自己批判であるか？

　論点(6)で言及された廣松の「主体概念の転換」論は、疎外論はもともと「精神」(ヘーゲル)、「人類」(シュトラウス) および「人間なるもの」(フォイエルバッハ) などの特別な主体概念を設定し、歴史をこの主体の自己疎外による客体への転化と疎外の止揚による主体の回復過程であるというヘーゲルおよびヘーゲル学派的語義に固有の理論である、という前提に立っていた[10]。この意味では、論点(1)において岩淵氏が『ド・イデ』における疎外論批判は観念論的歴史観に対する批判だと主張しても、もともと廣松の理解する疎外論が概念展開論であるので廣松には痛くもかゆくもなく、その批判はそのままマルクスに突き刺さるものだということになる。というのも、廣松によれば、マルクスも『経哲草稿』においては疎外論的な立論をし、「疎外」というヘーゲル学派的な語義を採用していたからである。したがって、この問題の解決のためには、『経哲草稿』のマルクスが果たしてヘーゲル的な語義での「疎外」概念や特別な主体概念にもとづいた疎外論を立論していたかどうかが確かめられねばならない。

　そこで本書の第1章を振り返ってみれば、『経哲草稿』執筆時点でのマルクスの疎外論には、「疎外された労働」論(以下、労働疎外論)と「人間的本質」の疎外論が存在した〔第1章(1)②と(3)③を参照〕。労働疎外論は、その名の通り、労働が疎外されているという理論であり、労働は特別な主体概念ではないので、この疎外論ならびに疎外概念は特殊ヘーゲル的語義に従っているとは言えない。問題は「人間的本質」の疎外論であるが、マルクスにあっては、「人間的本質」はフォイエルバッハのような固定された抽象物ではなく、歴史的に変化しその時々の人間に内在する身体的・精神的な素質や能力を表わす「本質諸力」という対象的なものを表わすので、自己展開するヘーゲル的概念でないことは明らかである。したがって、廣松の主張するように、『経哲草稿』執筆時のマルクスが特別な主体概念を前提とするヘーゲル学派的な語義を用いた疎外論を立論していたという主張は誤りである。した

がって『ド・イデ』でマルクスが疎外論を止揚したという廣松の主張も誤りであり，ましてやマルクスがかつての自らの疎外論を自己批判したということも事実に反する。

b マルクスは「類」や「人間」などの哲学的表現の使用は止めた

　しかし，引用文②に見られるように，マルクスはフォイエルバッハの「類」や「人間」などの哲学的概念を用いるとそれらの言葉で表わされている現実的展開が問題なのではなく，それらの概念の哲学的意味が重要であるとの誤解を読む者に与え，現実の国家や社会が変革されなければならないという意図が伝わらないと考えた。また「貨幣，賃労働等々もまた人間的本質の外化である」（MEW Bd.3, S.475）と述べて，貨幣，賃労働等々を批判した気になり，それらの実践的な変革に乗り出さないグリューンなどの真正社会主義者らから自分たちを区別するために，マルクスは『ド・イデ』においては，「疎外」概念を除いて，「類」や「人間」や「外化」などの哲学的な概念の使用を止めた。「フォイエルバッハ・テーゼ」になお残っていた「人間的な（menschliche）」という価値的な評価を含意する言葉の使用も『ド・イデ』では避けられている。この点はシュティルナーによるフォイエルバッハの「人間」概念の批判からの影響であろう。したがって，岩淵氏が論点(3)で，マルクスが自己批判したのはもっぱら用語法上の問題であると主張するのは，用語法上の問題がここでは実践的，世界観的問題となっていることに気づいていないことを示している。だからといって，ここでもマルクスが「類」などの用語をヘーゲル学派的な語義・含意で用いているという，論点(3)への廣松の反論を認めることにはならないのはもちろんである。

c 「人間の自己産出」論の批判と自己批判

　それでは，「『独仏年誌』の２論文および『経哲草稿』と『ド・イデ』との間には基本的な連続性」があるのかという残された問題はどう解決されるのか。結論を先に言えば，『経哲草稿』の「人間の自己産出」論が『ド・イデ』の「フォイエルバッハ章」で批判されている限り，両者の間には思想の飛躍的発展があると考えられる。

　『ド・イデ』においては，次のように「類・人間の自己産出論」が批

判されている。

> 「諸個人のこのような発展を，歴史的にあいついで生まれてくる諸身分や諸階級の共通の存在諸条件と，それらの条件によって彼らに押しつけられた一般的諸観念のなかで哲学的に考察するならば，もちろん，これらの個人のなかで類または人間が発展してきたとか，あるいは，諸個人が人間を発展させてきたのだと，容易に想像することができる。それは歴史の横っ面に2，3発強烈な平手打ちを食らわせるような想像である。その場合，これらのさまざまな身分や階級は，一般的表現の諸特殊化，類の諸亜種，人間の発展諸段階としてとらえることができる」(DI, SS.72-3)。

これに対応するかのように，『経哲草稿』では，地質学という自然発生説によって大地の創造という創造説が実践的な反論をうけ，もはや神の存在を否定する無神論は意味が無くなったという趣旨の記述に続いて，アリストテレスのしたように個々人の出生を無限に遡っていくのではなく，そこに循環運動を見ることの必要性が説かれる。そしてその後に次のような言葉が続く。

> 「しかし社会主義的人間にとって，いわゆる世界史の全体は，人間的労働による人間の産出，人間のための自然の生成以外の何ものでもないのであるから，したがって，彼は，自己自身による自己の出生について，自己の発生過程について直観的な，抗うことのできない証明をもっているのである」(MEGA Ⅰ/2, S.274)。

この一節の後にマルクスは，「シュトラウスやブルーノ・バウアーのような批判家たちですらヘーゲル論理学の枠から抜け出せないでいる」(Ebd., S.275)と述べ，バウアーの『共観福音史家』で展開された抽象的人間（「自己意識」）の自己産出論を批判している。この後にフォイエルバッハによるヘーゲル弁証法の批判の評価とフォイエルバッハ自身の

業績の評価が続く。そのあと数節を挟んで，ヘーゲル『精神現象学』の偉大な側面としての否定性の弁証法が次のように評価される。

　「ヘーゲル『現象学』とその最終的成果において——運動し産出する原理としての弁証法，否定性において——偉大なるものは，なんといっても，ヘーゲルが人間の自己産出を一つの過程としてとらえ，対象化を脱対象化として，外化としておよびこの外化の止揚としてとらえているということ，こうして彼が労働の本質をとらえ，対象的な人間を，現実的に真なる人間を，人間自身の労働の成果として概念的に把握していることである」(Ebd., S.292)。

　この引用文で注目すべきは，ヘーゲルが「人間の自己産出を一つの過程」としてとらえたと表現していることである。この表現と先の引用文の「いわゆる世界史の全体は，人間的労働による人間の産出〔である〕」という言葉を合わせて考えると，マルクスは「世界史を人間的労働による人間の自己産出過程である」と見なしていたことになる。これはマルクスが批判したバウアーの「抽象的人間としての『自己意識』の自己産出論」と表現としては〔つまり哲学的であるという点では〕大して変わりがないということになる。要するにマルクスの「人間の自己産出論」は，「自己意識」という観念的存在を言い表わす言葉が「人間」という現実的存在を表現する言葉に変わっただけで，『ド・イデ』の先の引用文で指摘されたような，歴史を人間の発展過程として把握する哲学的理論にほかならないことになる。これこそマルクスが『経済学批判』の「序言」で「清算」したと告白した「哲学的意識〔良心〕」にほかならない。

　しかし，このマルクスの哲学的理論としての「人間の自己産出論」は，唯物論的歴史観への道につながる通過点であったと言わねばならない。というのは，マルクスは次のように「現実的な生活の意識」について語っているからである。

「しかし，社会主義的人間にとって，……　疎遠な一本質についての，自然と人間を超越する一本質についての問い——自然と人間との非本質性についての告白を含んでいる問い——は，実践的に不可能となった。こうした非本質性の否認としての無神論は，もはや何の意味ももっていない。というのは，無神論は神の否定であり，そしてこの否定を介して人間の現存を措定するからである。しかし，社会主義としての社会主義は，もはやこのような媒介を必要としない。それは本質としての人間と自然の，理論的にも実践的にも感性的意識から出発する。現実的生活が，もはや私的所有の止揚つまり共産主義によって媒介されない，積極的な人間の現実性であるように，社会主義としての社会主義は，もはや宗教の止揚によって媒介されない，積極的な人間の自己意識である。」(Ebd., S.274)

　つまり社会主義的な意識を獲得した人間は，「現実的な生活の意識」，すなわち「理論的にも実践的にも感性的意識」から出発する。この現実的な生活の意識とは，もちろん，唯物論的な意識のこと指すのであるから，この言葉によって，われわれは，唯物論が，特に歴史の唯物論的把握が，単にフォイエルバッハによる哲学的な主語と述語との再転倒によって可能となったのではなく，社会主義的意識の確立と密接に結びついて獲得されたことに留意しなければならない。

(3) 哲学的意識の清算とは何か

　これまでの記述から分かるように，マルクス・エンゲルスが『ド・イデ』で行なったといういわゆる「哲学的意識の清算」とは，第1に，「人間的本質の外化」という言葉に象徴される哲学用語を使用することが，それによって現実的な国家や社会の諸関係を批判した気にさせ，それらの実践的な変革に乗り出すことを妨げることから，それらの哲学用語の使用を止めて，すなわち哲学的立場から離れて，現実的な諸関係を経験的な言葉で表わし記述する唯物論的な歴史観に立つに至ったことにある。そしてこの転換が単に用語上の問題に過ぎないのではなく，実践

的，世界観的意義をもつこと，また「人間的本質の疎外」論はこの理論的転換によって廃棄されたが，人間性の破壊に直面している現代において復権すべきことに留意されたい。

第2に，「哲学的意識の清算」とは，マルクスのこれまでの「人間の自己産出論」が，歴史を人間の発展過程と見なす点で抽象的かつ哲学的理論であることを免れておらず，この理論に留まるかぎり現実的事態の経験的・批判的叙述と実践的な変革に移行できないので，廃棄し，新たに歴史を創造する主体を現実的諸個人におく唯物論的歴史観に立脚するに至ったことにある。ただしこの「人間の自己産出論」は，唯物論的歴史観を直接導いた哲学であり，またヘーゲルの『精神現象学』の弁証法を継承しているかぎりで，唯物論的歴史観を豊かにするためにも研究する価値があると見なすべきである。というのも，今は仮説であるが，歴史を人間の労働による人間の自己産出過程と把握する発想は，「労働の分割＝分業（Teilung der Arbeit）」としての産業の発展すなわち産業の分化を歴史の推進力ととらえる分業展開史論に直接つながるものであり，この分業展開史論が唯物論的歴史観の確立を促したという点では，「人間の自己産出論」は唯物史観の原型だったのではないかと考えられるからである。

最後に岩淵―廣松論争の検討の結果明らかになったことを要約的に示そう。

第1に，疎外論は1845-6年段階で止揚されたというのは正確ではなく，「人間的本質の疎外論」は廃棄されたが，「疎外された労働」論＝労働疎外論は『ド・イデ』においても継承され，発展させられている。その理由は，「フォイエルバッハ・第6テーゼ」において「人間的本質」が「社会的諸関係の総体」という現実的在り方において理解されたこと，ならびに疎外の発生が歴史的に分業の自然生的な発展に起因することが明らかにされるとともに疎外の止揚の実践的前提が明確化されたことである。

第2に，マルクスが1845-6年を境に「疎外論の論理から物象化論の論理へ」転換したというのは正確ではなく，疎外論は労働疎外論として

維持され発展させられているだけでなく，物象化論も『ド・イデ』においては論理が確立されていない。「社会的諸関係」の「自立化」は指摘されても，それが「物象」となっているというような記述は存在しないし，むしろ「物象的」と形容されたのは生産者たちに対抗して現われる生産諸力である。

　以上のように，岩淵氏の疎外論継続・発展説も廣松の「疎外論から物象化論へ」の所説もどちらも正確ではなく，一面だけを強調しているにすぎない。しかし，この論争を通じて，いわゆる「哲学的意識の清算」という理論的転換がどこにあったのか，すなわち歴史哲学から唯物論的歴史観への転換であったことが明確になり，さらに「疎外論の論理から物象化論の論理へ」転換したのではなく，「疎外論の発展」に加えて疎外論のなかで「物象化論」も芽生えはじめたことが明らかとなったのではないか。

注

（１）『廣松渉著作集第八巻「マルクス主義の成立過程」』（岩波書店）336 頁。
（２）同上 326 頁。
（３）同上 337 頁。
（４）Moses Heß, *Philosophische und sozialistische Schriften 1837–1850*. eine Auswahl, hrsg. und eingel. von Wolfgang Mönke, 2. bearb. Aufl., Vaduz 1980, S.335.
（５）*The Economic and Philosophic Manuscripts of 1844 and the Communist Manifesto*, translated by Martin Milligan, p.11
（６）『廣松渉著作集第十三巻「物象化論の構図」』75 頁。
（７）同上 69 頁。
（８）『廣松渉著作集第九巻』「唯物史観の原像」407 頁。
（９）岩淵慶一『神話と真実―マルクスの疎外論をめぐって―』時潮社，1998 年，113-4 頁。
（10）廣松渉「マルクス主義と自己疎外論」『廣松渉著作集第八巻』347-8 頁参照。

第3章 『経済学批判要綱』の物象化論と疎外論

第1節 『経済学批判要綱』の物象化論

(1) 人格と人格との社会的関連の物象化としての貨幣

　『要綱』における物象化論は主に「Ⅱ貨幣章」で展開されている。『要綱』においては価値論が初期の1840年代に比べて飛躍的に発展し，次のように商品の価値は使用価値と交換価値からなると述べられている。

　　「価値の第1の形態は使用価値であり，平日的なものであり，これは個人の自然に対する関連を表わしている。第2の形態は，使用価値とならぶ交換価値であり，他人の諸使用価値にたいする個人の命令，個人の社会的関連（Beziehung）である。」（MEGA Ⅱ／1.1, S.109）

　「Ⅱ貨幣章」全体はブルジョア社会を交換価値に基づく生産の行われる社会と見なしている。もちろん，労働価値論は確立しており，商品は一定の労働時間の対象化されたものであり，商品の価値は，その商品に実現されている労働時間の分量に等しいとされている（Vgl. ebd., S.75）。ただしここでは，すべての商品が持つ価値ではなく，その現象形態としての交換価値がブルジョア社会の土台であると見なされている。そして次のように交換価値がすべての商品から自立化した存在が貨幣である。

　　「商品それ自体とならぶ特殊な存在としての商品の交換価値が貨幣である。」（Ebd., S.77）

「〔商品の〕交換価値は，商品から切り離され分離された一つの存在を受けとる ……　諸商品それ自体から切り離され，それ自体が一商品として諸商品とならんで存在する交換価値は──貨幣である。」（Ebd., S.79）

ところで，商品の交換は分業とともに発展する。したがって，分業の発展とともに貨幣の力が成長する。すると「交換関係が，諸生産者に対して外的な，そして彼らには依存しない力として基礎を固める。本来は生産を促進する手段として現われているものが，諸生産者に対して疎遠な（fremd）関係となる」（Ebd., S.80）。つまり近代ブルジョア社会においては，社会的な分業の発展によって個々の生産者は互いに自立化，原子化するとともに，貨幣による商品交換によって全面的に依存しあう。この全面的依存関係は社会的な連関（Zusammenhang）を発展させるとともに，その連関は個々の生産者にとっては疎遠なものとして彼らに対抗してくる。こうして次のような事態が出現する。

「各個々の個人にとって生産条件になってしまっているところの，諸活動と諸生産物との一般的な交換，それらの相互的な連関は，彼ら自身には疎遠で，独立したものとして，すなわち一つの物象（Sache）として現われる。交換価値においては，人格と人格との社会的関連は物象と物象との一つの社会的関わり（Verhalten）に転化しており，人格的な力能は物象的な力能に転化している。」（Ebd., S.90）

この一文の言わんとすることを整理すれば，「人格と人格との社会的関連」が「物象と物象との一つの社会的関わり」に「転化して」いることとは，①私的生産者どうしの社会的関連が商品交換を通じた商品と商品との社会的関係に転化していることであり，②こうして生じた諸生産物と諸活働〔私的諸労働〕の相互的連関は私的生産者にとって疎遠なもの，すなわち貨幣という一つの物象として現われることであり，さらに

第3章　『経済学批判要綱』の物象化論と疎外論

87

③交換価値においては，人格的力能が物象的な力能に転化している，ということである。これを『資本論』における用語で言い換えれば，マルクスがこの引用文で描写している事態は，①に関しては商品における「社会的諸関係の物化」であり，また②に関しては貨幣における「商品生産関係の物象化」であり，さらに③に関しては商品・貨幣における「人格の物象化」である，ということになろう〔この点の詳しい説明は第6章で行なう〕。

ところが，『資本論』の記述とは異なり，物象化の事態は，『要綱』では「疎遠な（fremd）」という疎外論に固有の用語で表現されている。そしてこのことを根拠に物象化論は疎外論の一種であると主張する論者がいる。しかし，後のより理論的な完成度が高い『経済学批判』と『資本論』では，物象化の事態を述べる際には疎外論に固有の言葉は一切使用されていない。つまり，『要綱』において物象化論は形を表わしてはいるものの，疎外論の衣をまとっている。つまり『要綱』における物象化論は，疎外論から完全に分離していないという理論的段階にあると言えよう。

しかし，『要綱』の「貨幣章」において，次のようにはじめて「物象化（Versachlichung）」という用語が用いられる。

「貨幣の一つの形態――貨幣が交換手段（交換価値の尺度ではなく）であるかぎり――では，貨幣の存在が社会的連関の物象化（Versachlichung）を前提しているということは，経済学者たちには明らかである。」（Ebd., S.93）。

つまり交換手段としての貨幣の形態において，貨幣の存在が社会的連関の物象化を前提していると述べられている。しかし，またしても，この同じ事態が次のように数行後では，諸個人が彼ら自身の社会的関連を対象として疎外しているからこそ，貨幣は社会的性格を持つことができるのだ，と言い換えられている。

「そして貨幣が社会的性質をもつことができるのは，諸個人が彼ら自身の社会的関連（Beziehung）を，対象として疎外してしまっている（sich entfremdet haben）からにほかならない。」[1]（Ebd）。

これらの表現から再び分かるように，『要綱』では物象化論はまだ疎外論から分離して一つの理論として形成を遂げているとはいえず，両者はいまだ混淆しているのである。

ところで，物象化は商品・貨幣関係だけに固有の現象ではない。交換価値に立脚した生産は必然的に資本の生産に発展する。このことは「Ⅱ貨幣章」では次のように表現されている。

「労働は，直接的に交換価値を，すなわち貨幣を，生産しなければならない。それゆえ労働は賃労働でなければならない。」（Ebd., S.148）

「労働の直接的生産物としての交換価値が，労働の直接的生産物としての貨幣である。それゆえ，交換価値そのものを生産する直接的労働は，賃労働である。」（Ebd.）

賃労働によって直接的に生産された交換価値は剰余価値であり，それは資本の本質的部分を構成する。剰余価値は利潤に転化するとともに，商品や原料・労働手段という物に転化する。このことをマルクスは次のように表現する。

「貨幣において，交換価値が，すなわち諸交換価値としての諸商品のあらゆる関連が，物（Ding）として現われるように，資本においては，諸交換価値を生み出す活動，すなわち労働のあらゆる規定が物として現われる。」（Ebd., S.177）

すなわち，物象化は貨幣においてだけでなく，その発展した形態であ

る資本においても現われる事態である。ただし商品等の諸関連が物として現われるのは厳密には物象化ではなく物化（Verdinglichung）であるが，物象化と物化との区別については後述する。

（2）人間社会の3段階把握——依存関係史論

　同じ「Ⅱ貨幣章」で展開された歴史の3段階把握としての依存関係史論において，歴史理論として物象化論が展開されている。マルクスは物象化論に基づいて次のように人間社会の形態を歴史的に3段階に分ける。

　「人格的な依存諸関係（最初はまったく自然生的な）は最初の社会諸形態であり，この諸形態においては人間の生産性は狭小な範囲においてしか，また孤立した地点においてしか展開されないのである。物象的依存性の上に築かれた人格的独立性は第2の大きな形態であり，この形態においてはじめて，一般的な社会的物質代謝，普遍的諸関連，全面的諸欲求，普遍的諸力能（universelle Vermögen）の一つの体系が形成されるのである。諸個人の普遍的発展の上に築かれた，また諸個人の共同体的，社会的生産性を諸個人の社会的力能として服属させることの上に築かれた自由な個人は，第3の段階である。第2段階は第3段階の諸条件をつくりだす。」（Ebd., SS.90-91）

　分業とそれに基づく交換が発展していない歴史的段階では，社会は共同体（ゲマインシャフト）において人間どうしの直接的な人格的関係から成り立っていた。また諸個人は共同体のうちに埋没していたので，個性の発展する余地はなかった。古代社会や家父長的な封建社会などがこの歴史段階に該当する。しかし，分業と交換が発生し，徐々に商業が発展すると普遍的な交換手段である貨幣によって遠隔地で生産された商品を人々が手に入れることが可能になる。つまり社会的交通が発展する。すると人々は共同体から分離して自立化し，共同体内における直接的な人格的結びつきの代わりに貨幣という物象を介して互いに全面的に依存

しあうようになる。この第2の歴史的な社会形態が物象的依存関係に基づく社会である。この形態においてはじめて人間は相互の普遍的な諸関連を発展させることができ，それによって普遍的な諸欲求も発展する。第3段階は物象的な依存関係に代わって再び人間は共同体的な結びつきを回復するが，今度は自立した自由な諸個人からなる「連合社会」となって現われる。この3段階の社会把握をF・テンニエスにならって図式的に示せば，「ゲマインシャフト―ゲゼルシャフト―高次のゲマインシャフト（アソシエーション）」となろう。

それでは人間社会の形態が歴史的にこのような三つの段階に分かれて発展する意味はどこにあるのか。この点に関する示唆はマルクスの次の言葉に見いだすことができる。

「そしてこの物象的な諸連関の方が，諸個人の没連関性よりも好ましいとされること，あるいはまた狭い血縁的出自や支配と隷属の〔諸関係〕の上に打ち立てられた，ただ局地的なものにすぎない連関よりも好ましいとされることは確かである。同時に，諸個人が彼ら自身の社会的諸連関を創造し終えないうちは，彼らはこの諸連関を自己に服属させることができないということも確かである。」(Ebd., S.94)

つまり歴史の発展は人間どうしの諸関連（Beziehungen）の普遍的な発展を創造する方向に進むが，そのような諸関連を創造・発展させるためにはいったん人間はその諸関連を彼らの創造した彼らの外部に存在する物象，すなわち商品と貨幣の諸関係，言い換えれば彼らに対抗してくる生産諸関係と交易諸関係としてつくりださなければならない。第2の社会形態である物象的依存関係（ゲゼルシャフト）の意義は諸個人の普遍的な諸関連と豊かな個性をつくりだすことにあるが，そのためにはそれらの関連や個性を一般的富という物象的な形態で発展させなければならない。この点に物象的依存関係の否定的側面と肯定的側面の結びついた歴史的必然性がある。第2の社会形態であるゲゼルシャフトにおいて諸個人の豊かな個性の諸条件をつくり終えてはじめて，人間はこの諸条

件を自己のもとに統制しつつ自由な個性を発揮することができる自由な社会を築くことができるのである。

　最後に，用語の問題として指摘しておくべき事柄がある。すなわち「ミル評註」で「社会的交通（gesellschaftliche Verkehr）」と言われていた諸個人のつながりは『要綱』では社会的な「連関（Zusammenhang）」とか「関連（Beziehung）」という言葉で表現されていたが，それらの社会的な諸関連をつくりだす経済的なつながり——「生産諸関係」と「交易諸関係」——は「諸関係（Verhältnisse）」という用語で表現されていることである。つまり，「豊かな諸関連（reiche Beziehungen）」とは言えるとしても，「豊かな諸関係（reiche Verhältnisse）」とは言えないということである。

第2節　『経済学批判要綱』の疎外論

（1）労働の対象的諸条件からの労働者の分離としての疎外

　『要綱』における疎外論は，『経哲草稿』における「疎外された労働」の規定，すなわち，生産物における労働者の外化は，彼の労働が一つの対象になる〔労働の対象化〕ばかりでなく，また彼の労働が彼の外に彼から独立して疎遠に現存し〔労働の疎外〕，彼に相対する自立的な力となることを意味する（Vgl. MEGA Ⅰ/2, S.365），という規定と基本線は同じであり，そのいっそうの発展である。基本線が同じというのは，『要綱』のマルクスが，労働の疎外を労働者の労働の成果が他人〔資本家〕の所有物として労働者に対立し，自立的な力として彼に対抗する点にあるとしていることである。いっそうの発展というのは，労働対象を土地や労働手段や原料などの生産手段からなる「労働の客体的・対象的諸条件」として概念規定したことにある。この点は次の『要綱』の一文によく表わされている。

　「労働の生産諸力が発展するとともに，労働の対象的諸条件，対象

化された労働が，生きた労働と比べて増大せざるをえない …… という事実は，労働の客体的諸条件が生きた労働に対して，…… ますます巨大になっていく自立性をとり，そしてますます大きくなっていく諸部分からなる社会的富が，疎遠かつ圧倒的な力（Macht）として労働に立ち向かう，というように現われるのである。ここで強調されるのは，対象化されていること（Vergegenständlichtsein）ではなくて，疎外され，外化され，譲渡されていること（Entfremdet-, Entäussert-, Veräussertsein）…… である」(MEGA Ⅱ/1.2, SS.697-8)。

「交換価値に基づく生産は，土台においては，…… 労働がその客体的諸条件に対して——だからまたそれ自身によって創造された客体性にたいして——他人の所有物に対する様態で関わること（Verhalten），すなわち労働の外化である。」(Ebd., S.416)

これらの引用文では，「労働の疎外」は，「労働の外化」または「労働の譲渡」と言い換えられている。「外化」は日常用語でいえば「手放すこと，放棄すること」の意味であるから，「譲渡」とほぼ同じ意味である。ただ「労働の譲渡」といった場合には，労働をほかの誰かに手渡すことを前提にしており，したがって労働をその誰かが「わがものとする＝領有する（sich aneignen）」ことになる。こうした関係をマルクスは，次のように表現している。

「労働者は富の生産力としての労働を外化し，資本は労働をそうした生産力として領有する。したがって，労働と労働生産物の所有との分離，つまり労働と富との分離が，この交換行為〔交換価値としての労働と資本との交換〕そのもののうちに措定されている」(Ebd., S.226)。

つまり，上述のように「労働の疎外」として表わされた事態は，経済

学的に言えば，資本家と労働者の間での労働力〔力能〕の交換に基づく労働者の側での「労働の譲渡」と資本家の側での「労働の領有」によって生じたものである。そして資本は「労働の領有」によって労働を自己に合体し，資本は「発酵」して，生産過程〔労働過程＋価値増殖過程〕となる（Vgl. ebd., S.221）。すなわち，資本主義的生産における労働者の貧困化も「労働の譲渡」による「労働の疎外」の結果なのである。以上が第1の疎外である。

第2の疎外は，先の引用文においても言及されていたが，労働過程において労働手段や原料などの労働の対象的諸条件〔生産手段〕が労働者または労働そのものに対抗する力として現われてくることである。ただし，この第2の疎外については，議論の重複を避ける意味で，第5章の「『1861～63年草稿』における疎外論」の叙述に譲ることとする。

（2）所有と労働の関係からみた歴史の3段階把握としての疎外論

『要綱』で「疎外（Entfremdung）」または「疎外された（entfremdet）」という言葉で表わされている事態は以上であるが，その後の『資本論』の草稿で「疎外」と規定される事態が『要綱』の中で何度も言及されている。それは資本主義的生産関係の成立の歴史的前提となる「直接生産者または労働者の対象的な労働諸条件との分離」である。これはまた所有と労働との分離とも呼ばれている。たとえばマルクスは次のように述べている。

　「客体的〔または物象的〕な労働諸条件が，労働者にたいして他人の所有物として，他の法的人格の実在性として，この法的人格の意志の絶対的領域として，立ち向かうのであって，だから他方では，労働が，資本家において人格化された価値，すなわち労働諸条件に対立する他人の労働として現われる。」（MEGA Ⅱ/1.2, SS.361-2）

これに続いて，『要綱』の編集者によって「資本主義的生産に先行する諸形態」と題された部分において資本主義に先行する生産諸形態が労

働と所有〔とりわけ土地所有〕の未分離・一体化にもとづいていることが明らかにされる。『要綱』のこの箇所が「資本主義に先行する生産諸形態」における労働と所有の一体化の解体の歴史を概観する必要から述べられていることは，この箇所の冒頭に置かれた次の文から明らかである。

　「自由な労働と，この自由な労働を貨幣と……交換することとが，賃労働の前提であり，資本の歴史的条件の一つであるが，自由な労働を労働の実現の客体的諸条件から——労働手段および労働材料から——分離することは，それとはまた別の一前提である。したがって，この別の前提とは，なによりもまず，労働者を彼の自然の仕事場としての大地から切り離すこと，それゆえ東洋的共同体（Commune）にもとづく共同的な土地所有の解体ならびに自由な小土地所有の解体である。」(Ebd., SS.378-9)

　この「資本主義に先行する生産諸形態」を叙述した部分で，マルクスはこれまでの経済史を大きく前ブルジョア的所有・生産形態とブルジョア的所有・生産形態に分け，前者は土地を主とする労働の対象的諸条件と直接的生産者との一体化・癒着・未分離状態を基礎とするのにたいし，後者は両者の分離に基づくと規定した。古代の共同体〔共同社会〕（Gemeinwesen）と東洋的専制主義またはアジア的形態，古代奴隷制，中世の封建制ならびに自己労働に基づく私的所有者・小生産者までが前者に含まれ，近代のブルジョア的生産形態が後者に該当する。

　こう見るとこうした歴史観は歴史の2段階把握だと思われがちであるが，マルクスは『資本論』第1巻・第24章の「いわゆる本源的蓄積」において，資本主義的な私的所有を自己労働に基づく私的所有の否定から生まれたものと規定する。そしてこの最初の否定に続いて資本主義的生産は必然的に自己自身の否定を生み出し，社会的所有に基づく個人的所有を再建すると展望し，ブルジョア的所有・生産形態に続く歴史の第3段階として後に「アソシエーション（連合社会）」として特徴づけら

れる社会主義・共産主義社会を想定した。このように見れば,『要綱』の「資本主義的生産に先行する諸形態」の箇所において示された歴史の2段階把握は『資本論』の「個人的所有の再建」の理論に補完されて,歴史の3段階把握として完成されるべきものである。筆者は,直接的生産者からの生産条件の分離を「疎外」と見なす『資本論』第3巻の規定,すなわち,①「生産者からの生産諸条件のこうした疎外」(MEGA Ⅱ/4.2, S.649, MEW, Bd. 25, S.610),②「労働から疎外された ……労働諸条件の姿態」(Ebd., S.846, ebd., S.832),に依拠して,この歴史の3段階を労働の疎外とその止揚の過程であると解釈する。

第3節　人類史の3段階把握と物象化・疎外

　上述のように資本主義的生産の出発点である「労働の対象的諸条件からの労働者の分離」は後の『資本論』第3巻では「疎外」と言い換えられている。従来,概念としての「疎外」は本来的な状態という観念の想起と未来に取り戻すべき理想像を前提しているとして,哲学的ないしは観念論的概念だとして退けられることが多かった。またマルクスも「ドイツ・イデオロギー」で行なった哲学的意識の清算によって「疎外」という哲学的概念は以後捨て去ったという見方が大勢であるようだ。しかし,ここで,すなわち人類の歴史において資本主義的生産をどう位置づけるかという段になってマルクスが「疎外」という概念を用いたのにはそれなりの理由がある。それは次の3点である。①土地所有と労働が分離せず一体となって生産が行われた本源的な社会状態の存在をマルクスが認識していなくとも想定していたこと,②資本主義的生産は将来の人間的社会のための豊かな富を創造するために土地所有と労働の一体化した状態から脱却し,両者を分離しなければならなかったという歴史的な必然性を認識していたこと,③資本主義的生産の過程を歴史における人間自身の労働の疎外過程と見なすことによって,将来において労働の客体的諸条件からの労働の疎外が止揚され,両者が再び結合して真の社会的所有に基づいた自由な人間的社会が展望されること。したがって,こ

の「疎外」概念は，一方では，かつて廣松渉が主張したような哲学的な概念でもなく，また他方では一部の経済学者たちが主張するような単に記述的で客観的な概念でもない(2)。むしろ中・後期マルクスの「疎外」概念は人類の歴史の3段階把握に基づく批判的概念であると言った方がいいのではないか。このように疎外が批判的概念であることについては，第7章で詳述する。

　ところで，既述のように，マルクスは『要綱』で2種類の「人類史の3段階把握」を展開している。一つは依存関係史論と呼ばれるもので「貨幣章」で提示されている。他は「資本章」のなかの「資本主義的生産に先行する諸形態」と題された部分で展開されているもので，人類史を前ブルジョア的生産段階—ブルジョア的生産段階（—自由な人間的社会〔これに関する記述はない〕）の3段階として把握する歴史観である。そして，私見によれば，前者は物象化論に，後者は疎外論に基づいていると考えられる。以下，再度これらの歴史把握の特徴を簡単にまとめてみたい。

　依存関係史論は歴史上の社会形態を人格的依存関係—物象的依存関係—自由な個人に立脚した高次の人格的依存関係（いわゆる「ゲマインシャフト—ゲゼルシャフト—高次のゲマインシャフト」の論理）の3段階に分ける。

　物象的依存性に基づく社会形態は交換価値の発展した社会であり，マルクスによると「交換価値においては，人格と人格との社会的諸関連（Beziehung）は物象と物象との一つの社会的関わり（Verhalten）に転化しており，人格的な力能は物象的な力能に転化している」（MEGA Ⅱ/1.1, S.90）。交換価値は余剰生産物の交換から発生するが，生産物の交換は共同体の尽き果てるところで共同体どうしの間ではじまる。こうした商品交換の発展とともに共同体内部においても共同体の成員の間で生産物が商品として交換されるようになり，社会的分業が発展する。それとともに共同体間と共同体の成員間で商品交換が発展し，生産物は交換価値を持つ商品となり，共同体の成員は特殊な労働を行なう私的労働者として相互に自立化するようになる。生産物の交換が物々交換から貨

幣を媒介にした商品の交換に発展すると，諸個人は互いに自立化する一方で，商品交換を通じて社会的連関（Zusammenhang）が創り出され，発展させられる。だが彼らの社会的関連（Beziehung）は彼らの直接的な関係としてでなく，貨幣を媒介とした関連として形成されるので，彼らの関係は一般的媒介手段としての貨幣のうちに物象化され，彼らが自由に制御できないものとして彼ら自身に対立する自立した存在になる。したがって，物象的依存性に基づく社会形態は，資本主義的商品生産社会を含む商品生産社会である。

したがって，物象的依存関係に基づく商品生産社会が発展してくる前段階の人格的依存関係に基づく社会は，諸個人が血縁や地縁で結びついた「共同体〔共同社会〕（Gemeinwesen）――家父長的関係，古代の共同体〔共同社会〕，封建制度，ギルド制度」であり（Ebd., S.90），一方で物象的依存関係の次にくる自由な個人の発展した高次の段階の社会は，物象化が解消され貨幣が廃止された「社会的な組織（gesellschaftliche Wesen）」（MEGA, Ⅳ/2, S.452）である。

この依存関係の形態から人類史を3段階に分ける歴史把握が基づいている「物象化」概念は，この歴史の3段階把握の第2段階における人間の社会的諸関係を特徴づけたものであり，この概念それ自体は物象化の廃絶とそれに伴う第2段階の第3段階への移行の必然性を内包するものではないので，「疎外」概念とは異なり，批判的概念とは言えないだろう。

他方の歴史観においては，人類史は，「前ブルジョア的生産―ブルジョア的生産―自由な人間的社会」の順序で進む。このように人類史を3段階に分ける基準は労働者が労働の客体的諸条件〔主に大地ないしは土地〕から分離されているどうかである。マルクスは言う，「自由な労働を労働の実現の客体的諸条件から――労働手段および労働材料から――分離することは」賃労働の一前提である（MEGA Ⅱ/1.2, S.378）。では両者の分離はどのようにして発生したのか。前ブルジョア的生産段階，すなわち封建的生産様式――領主・農奴関係，同職組合制度および独立自営農民――の解体によってである。それによって解放された農奴

は土地から追い出され，職人は道具を失い，自営農民は土地を奪われた。こうして無所有となった人間は貨幣所有者に賃労働者として雇われ，今や新たに生産手段を買い集め，無所有の人間を賃労働者として雇った資本家によって資本主義的生産がはじまった。

　それでは封建的生産様式はどのような由来をもつのかと歴史をさかのぼっていけば，人は本源的な生産様式に辿りつくだろう。マルクスによれば，「人間は本源的には　……　類的存在，部族的存在，群棲動物として現われる」(Ebd., S.399)。したがって，本源的には，土地を所有する主体は類的存在としての部族共同集団であり，したがって人間は個人として土地を所有することはなく，自分が生まれた部族の一員として部族共同体に属することによって土地を使用する，つまり土地を占有することができた。このように所有の本源的形態はこのような部族組織による土地所有としてはじまる。そして部族組織による土地所有が労働の前提となる。それゆえ土地所有が労働と一体になっているというよりも，部族による土地所有が前提となって労働が行われるのである。こうした本源的な部族共同体組織による土地所有は，実際には地理的な条件や部族間の征服戦争などの行動によって変形して現われる。このような原始共同体〔共同社会〕に最も近いのはアジア的基本形態であり，第2の形態は古代奴隷制または古代ローマ的形態，第3の形態は中世の封建制（領主―農奴関係）またはゲルマン的形態である。このうち第2と第3の制度は階級対立を内に含む敵対的形態である。以上の生産様式が前ブルジョア的段階である。

　しかし，これらが解体すると，所有から排除された大量のプロレタリアが発生し，生産手段を買い集めた資本家が彼らを賃労働者として雇用して資本主義的生産をはじめた。このブルジョア的生産段階では階級対立は存在するが，二大階級の敵対に単純化されていて，しかも支配階級の資本家はごくわずかで，残りの大多数は無所有の労働者階級である。したがって，この次に展望される生産段階が全人民を所有者とする社会的所有に基づいた自由な人間的社会以外にないことは明らかであろう。

　『要綱』を書いたマルクスは，「疎外」概念を「労働（者）と労働の客

体的諸条件との分離」という事態を表わすのに用いなかったけれども，先に示したように，この事態は，『資本論』第3巻に見られる「生産者からの生産諸条件のこうした疎外」(MEGA Ⅱ/4.2, S.649, MEW, Bd. 25, S.610) とか「労働から疎外された ...... 労働諸条件の姿態」(Ebd., S.846, ebd., S.832) のような表現で分かるように，「疎外」という用語によって明確に表わされている。したがって，「疎外」の概念が「否定の否定」の弁証法的論理を表わす「人類史の3段階把握」と結びついていることは明らかであろう。とすれば，この概念が批判的概念であることもまた明らかである。このように見てくると，マルクスの疎外論的な論理ないしは傾向を軽視または無視し，マルクスの資本主義批判をもっぱら物象化論を主軸に解釈することは問題があると言えないだろうか。

　それでは資本主義的生産の成立に際して物象化と疎外は互いにどのように関わりあっているのか。先に述べたように資本主義的生産は商品生産社会であるが，単にそれだけでなく商品生産が支配的に行なわれる生産形態，言い換えれば全面的な商品生産社会である。商品生産が全面化するためには商品・貨幣関係があらゆる領域の労働過程を自己のもとに包摂しなければならない。そのために必要な前提は労働（能）力の商品化であるが，この前提自体がまた二つ条件を前提する。一方は土地と生産用具からの労働そのものの分離であり，他方は労働する諸個人の人格的支配・従属関係からの解放である。ところでこれまでの議論からすれば，前者は生産手段からの労働者の疎外であり，後者は人格的依存関係の物象的依存関係への転化である。すなわち，疎外と物象化の条件が歴史的に同時に成立すれば，言い換えれば，一方で直接的生産者＝労働者が生産手段から疎外され，生産手段から自由になり，他方で直接的生産者が人格的束縛から自由な労働者となれば，すなわち「二重の意味での自由な労働者」〔これは『資本論』における表現である〕が出現し，『要綱』の表現にあるように，「労働力能（Arbeitsvermögen）が自由な労働者にとっては，その総体そのものにおいて彼の所有物として現われる」(MEGA Ⅱ/1.2, S.373) ならば，労働力の商品化は可能となり，資

本家による労働者の労働力の購買によって資本主義的生産が歴史的に成立することになる〔こうした議論は後の『資本論』で「資本の本源的蓄積論」の名で資本主義的生産の歴史的生成論として確立されたが，『要綱』ではこの理論は未確立であり，またこの理論の鍵をなす「二重の意味での自由な労働者」という概念もまだ登場していない〕。このように物象化と疎外が歴史的に同時に起こることは，2種類の人類史の3段階把握のそれぞれの第2段階が資本主義的生産の時代で重なり合うことを意味する。すなわち物象化と疎外は，資本主義的生産の時代において依存関係史論と所有労働関係史論が一体化した歴史把握と結びつくとともに，相互に異なる役割を担うことになるのである[3]。しかし，『要綱』においては物象化と疎外の結合の結果としての労働力の商品化の成立，したがって資本主義的生産と賃労働の成立の論理と歴史は明確にはなっていない。それは「61〜63年草稿」で明確化される。

注
（1） 平子友長氏はこの文を引用して，次のように述べている。「最終文章においては，貨幣において上記のような物象化と物化が成立するのは『諸個人が彼ら自身の社会的関連を対象として自分から疎外している』からであると説明される。ここで疎外とは，諸個人が自分自身の社会的関連を自分に対立させて一つの対象（物象化・物化）の姿で自分から遠ざける（疎遠化する）ことである。物象化・物化は，諸個人相互の社会的関連が諸個人から切り離されて自立化する過程全体を，主体としての諸個人からの疎遠化として把握した場合，疎外として把握される。この観点は，『経済学・哲学草稿』以来一貫している。」（平子友長「『資本論』における物象化・物化・疎外— マルクス唯物論の基本概念—」（http://marxinthe21stcentury.jspe.gr.jp/wp-content/uploads/2017/06/tairako_full.pdf）12頁）しかし，マルクスによって，貨幣における物象化・物化が疎外と把握されているのは「J・ミル評註」から『経済学批判要綱』までであり，『経済学批判』以降は物象化の説明に「疎遠な（fremd）」とか「疎外されて（entfremdet）」などの疎外論に固有な言葉は使用されていない。以上のことは，本書全体における研究が示している。
（2） たとえば，次のような見解がある。「後期マルクス，たとえば『資本論』にも疎外という言葉がしばしば登場する。しかし，この疎外は本来の人間のあるべき姿の自己疎外ではなく，たとえば『現実の生産者に対する生存手段の疎外』のように，現実的生産者の手から生産手段が奪われているという客観

的な事実を指している。」(長岡豊『労働と資本』有斐閣, 1972年, 107頁)
しかし, 生産者からの生産手段の分離を敢えて「疎外」とマルクスが呼んだのは, この分離が歴史的に過渡的であり, その意味で「非本来的な」状態であるという価値判断をマルクスが行ったからである。
(3) I・メサーロシュは物象化と疎外の関係を次のように物象化が労働の疎外を媒介すると考えている。「レーニンがみごとにとらえているように, マルクス体系の中心思想は, 社会的生産関係の資本主義的物象化, 賃労働, 私的所有, 交換という物象化された媒介による労働の疎外にたいする批判である」(István Mészáros, *Marx's Theory of Alienation*, Merlin Press, 1970, p. 96)。しかし, その他の箇所では, 物象化と疎外を併記し, 両者の区別と関連については言及していない。

第4章 『経済学批判。原初稿』と『経済学批判』の物象化論と疎外論

第1節 『経済学批判。原初稿』の物象化論と疎外論

（1）『経済学批判。原初稿』の物象化論

『原初稿』は第2章「貨幣」の「支払い手段としての貨幣」の項からはじまり，第3章「資本」の「貨幣の資本への転化」の項で終わる。そして物象化論を展開した部分には，「疎遠な（fremd）」とか「疎外する（sich entfremden）」などの疎外論に固有な言葉は用いられていない。したがってここでは物象化論は疎外論から分離して展開されていると言ってよいだろう。以下，『原初稿』の物象化論に特徴的な内容を挙げてみよう。

第1の特徴は，貨幣という物象に対象化されている社会的連関を次のように社会的物質代謝（Stoffwechsel）としてとらえていることである。

「貨幣においては，社会的諸連関そのものが，社会的物質代謝そのものが，なにかまったく外的なものとして現われる。」（MEGA Ⅱ/2, S.20）

社会的諸連関が社会的物質代謝と言い換えられたのは，諸個人がその所有する労働生産物を社会的な規模で他人の生産物と交換することによって互いの欲望を満たす過程——流通過程——を実現するからであろう。そしてこの交換が諸個人にとって外的な姿を取る貨幣という物象を介して行われることが物象化である。

次に貨幣における物象化は次のように貨幣の素材をなす金属という物

と化すこととしてとらえられている。

> 「個人として関連しあっている諸個人に対立している社会的連関が貨幣という姿でもつ外面性と自立化とは，金と銀の姿を取って世界鋳貨として現われる。」(Ebd., S.26)

すなわち貨幣は世界鋳貨としては各国固有の鋳貨ではなく金という物質そのものがその重量を単位として用いられることを指している。したがって，世界鋳貨においては物象化というよりも物化（Verdinglichung）が現われていると言えよう。これに引き続く箇所では世界市場で通用する世界鋳貨は共同体〔共同社会〕（Gemeinwesen）が物となって現われていると見なされている。

> 「貨幣はここでは〔世界鋳貨では〕事実上，諸個人の外部に物的に存在している彼らの共同体〔共同社会〕（Gemeinwesen）として現われる。」(Ebd.)

このように貨幣が共同体〔共同社会〕であると見なされるのは，貨幣が諸個人の生産物の交換をとおして彼らを相互に繋ぐ役割を担っているからにほかならない。貨幣の出現以前の原始時代の共同体〔共同社会〕（Gemeinwesen）では個人が様々な生活手段を獲得できるのは，彼が共同体〔共同社会〕の一員であることによってである。しかし，貨幣が支配する商品生産社会では，諸個人が様々な生産物を手に入れることができるのは，彼が貨幣を保有していて，その貨幣と交換に様々な生活手段を獲得することができるからである。そういう意味では，貨幣は共同体〔共同社会〕が物象化して諸個人が保有できるものとなっていると言えよう。しかし，貨幣はそれが交換の媒体となっているという意味では共同体〔共同社会〕と同じ役割を果たしているが，諸個人にとって外的なものとして現われるかぎりでは彼らにとって敵対的なものとして現われる。要するに，ブルジョア社会においては，諸個人は直接人格として結

合するのではなく，貨幣という物象を介した商品の交換を通じて互いに交通しあうのである。

最後に，物象化に固有の転倒性と商品における物象化を端的に表わした文を挙げておく。

「第1に貨幣の転倒（Verkehrung）。つまり貨幣は手段から目的になり，他の商品の地位を低下させる。」(Ebd., S.34)

「しかし，この〔社会的生産に参加する〕諸個人の相互に取り結ぶ諸関連は，物象と物象との社会的諸関連として現象する。」(Ebd., S.33)

「貨幣の転倒」とは，貨幣はもともと商品交換のための媒介物，すなわち手段として歴史的に出現してきたにも関わらず，貨幣がどんな商品とも交換できるという万能性をもっているという理由で富の象徴になり，貨幣そのものの蓄積が富の蓄積と見なされることにより，貨幣の取得それ自体が目的となった。これによってもともと商品交換の手段にすぎなかった貨幣が目的そのものになるという本来の関係の転倒が生じたわけである。このような本来の関係の転倒は物象化に固有の現象である。

また物象化の起きる次元は，社会的諸関連または諸関係にあるということができる。商品においては，私的生産者の社会的関連が商品という生産物の社会的自然属性〔価値〕として対象化される。さらに貨幣は金・銀として，私的生産者の私的諸労働の全面的譲渡の結果としての一般的社会的労働の化身となって他の商品に対立するだけでなく，その他の商品を従属的な地位に，すなわち下位に置くのである。

（2）『経済学批判。原初稿』の疎外論

『原初稿』には「疎外（Entfremdung）」という言葉は用いられていないが，その類語である「外化（Entäusserung）」と「譲渡

（Veräusserung）」およびその反対語である「領有（Aneignung）」という概念が使用されているので，「広義の疎外論」が展開されていると見なしたい。

　貨幣がつくりだす社会的連関は社会的物質代謝であることは（1）で示したが，社会的物質代謝とは商品の流通過程であり，それを実現するのは貨幣である。商品が流通するためには商品を所有する生産者が存在しなければならない。ところで諸個人が商品を所有することができるためには自己の労働によって生産物を生産しなければならない。これをマルクスは「自己労働に基づく所有」といい，「労働」を「領有」の根拠とする。

　　「労働が領有の本源的な様式として現象する。」(Ebd., S.47)

　　「自己労働が本源的な領有過程として想定され」る。(Ebd., S.48)

　　「こうして，労働と，自己労働の成果に対する所有とが，根本前提として現象し，これなしには流通を通じた第２次的な領有は行われないことになる。自己労働に基づく所有が，流通の内部では，他人労働の領有の土台をなしている。」(Ebd.)

つまり労働がなければ労働の成果たる生産物の所有はなく，したがって，この自己労働に基づく所有が流通の前提となっている。しかし，商品交換によって他人の労働生産物を領有するためには，自分の労働を譲渡しなければならない。この点をマルクスは次のように表現している。

　　「しかも流通の立場からすれば，他人の諸商品，したがって他人の労働が領有されうるのは，自分の商品，自分の労働の外化によってのみであるから，流通の立場からすれば，流通に先行する商品の領有過程が労働による領有として現象するのは必然的である。」(Ebd., S.48)

流通とは自分の労働の成果たる生産物の領有を前提とした自分の労働の外化・譲渡により他人の労働を領有することであり，自己の生産物を他人に外化・譲渡するとともに他人の生産物を領収することである。したがって，

　「流通が示すのは，この直接的な領有が一つの社会的な操作（Operation）を媒介にして，自己の労働に対する所有を社会的な労働に対する所有へと転化させる仕方だけである。」(Ebd., 49)

　「労働による領有または労働の対象化のあとに次の法則として現われるのは，労働の譲渡，または労働の社会的な形態への転化である。」(Ebd., S.50)

　すなわち流通において諸個人の領有は，社会的操作〔貨幣を媒介とする商品交換〕を通じて自己労働に基づく所有を社会的労働にたいする所有へと転化する。というのは労働の譲渡により諸個人の労働が社会的労働に転化するからである。そしてマルクスによれば，この社会的な労働は近代ブルジョア社会のもとでは，言い換えれば社会的分業の発展のもとでは，貨幣という物象の姿態を取らなければならない。

　「特殊な労働の生産物は，他を排除して一般的労働の直接的な対象性として前提されている物象の——貨幣の——形態を受け取ることによって，自分が一般的労働の対象化されたものであることを社会的に実証しなければならないということ，——したがって同様に，まさにこの過程を通じてこの一般的社会的労働は外的な物象，つまり貨幣として定立されるということ，——これらの諸規定が，流通そのもののバネ，流通そのものの脈動をなしている。」(Ebd., S.53)

　つまりマルクスによれば，流通を引きおこすバネ，脈動となるのは，労働の譲渡の連鎖をつうじて生じる一般的社会的労働が外的な物象たる

貨幣として定立されることである。このようにマルクスは貨幣の出現の根拠を労働の譲渡とそれによる諸個人の労働の一般的社会的労働への転化に求めている。こうした理論的追究が成功するかどうかは別として，ここでマルクスが貨幣の発生を労働の外化・譲渡という「広義の疎外論」に求めているのは確かだろう。

第2節　『経済学批判』の物象化論と疎外論

（1）『経済学批判』の物象化論

これまで物象化は貨幣において現われる現象であるとされてきたが，『経済学批判』においてはじめて商品において生じる現象として展開されている。しかも『資本論』で定式化された物象化論とほぼ同様の表現が次のように提示される。

> 「交換価値を生み出す労働を特徴づけるのは，人格と人格との社会的関連が，いわば転倒させられて表わされること，すなわち物象と物象との社会的関係として表わされることである。……　それゆえ交換価値とは人格と人格とのあいだの関係である，というのは正しいとしても，物的外皮の下に隠された関係であることを付け加えなければならない。」(Ebd., S.113)

このマルクスの表現について注意しなければならないのは，第1に，物象化される元となる人格と人格との関係が社会的「関連（Beziehung）」と表現されているのに対して，物象と物象との関係は社会的「関係（Verhältnis）」と表現され，区別されていることである。一般にマルクスは，経済的諸関係を表わす際には「関係（Verhältnis）」という言葉を用い，それ以外の諸人格間の関係を表わすときには，「関連（Beziehung）」または「連関（Zusammenhang）」という言葉を用いる傾向がある。この用語法の区別には意味があって，物象化の発展に

よって諸人格間の関係がより緊密で豊かになることを主張する場合には，「関連」または「連関」という用語を用いていることである。また第2に，人格と人格との関連が物象と物象との関係に転化することを「転倒する（verkehren）」と表現していることに注目しなければならない。これは人格が物象を支配することが本来の関係であることを前提にしているため，物象化は物象が人格を支配することを意味するがゆえに物象化を「転倒」と言い表わしたのであろうと思われる。人格が物象を支配することを主体が客体を支配すると見なすこともできるので，この転倒を主客の転倒と言いかえる場合もあるが，いずれも物象化に固有の現象である。

次にマルクスは商品における物象化が商品の神秘化を導くと主張する。

「社会的生産関係が対象の形態をとり，労働における人格と人格との関係がむしろ，諸物が相互に関係しあい，また諸人格に対しても関係してゆく一つの関係として表わされることと，このことをありふれたこと，自明のこととして現象させるのは，ただ日常生活の習慣にすぎない。商品では，この神秘化はまだ非常に単純である。」（Ebd., S.114）

ここでまず注目すべきは「労働における人格と人格との関係」として「社会的生産関係」という経済学的概念が登場していることである。そして物と物との関係が人格と人格との関係として現象することが神秘化と見なされ，商品においてはこの神秘化は，物象化が日常生活の習慣と化しているために，まだ単純であることが指摘されている。というのも，「もっと高度な生産諸関係では，この単純性という仮象は消え失せてしまう」（Ebd.）からである。貨幣においては，次に言われるように，物象化によるこの神秘化と転倒はより顕著に現われる。

「一つの社会的生産関係が諸個人の外部に存在する一対象として表

わされ，また彼らがその社会生活の生産過程で入りこむ特定の諸関連が，一つの物の特殊な諸属性として表わされるということ，このような転倒と，想像的ではなく散文的で実在的な神秘化とが，交換価値を生み出す労働のすべての社会的形態を特徴づける。貨幣においては，それが商品の場合よりも顕著に現われているだけである。」(Ebd., S.128)

次に物象化がもたらす神秘化に経済学者たちが惑わされ，物神崇拝のような幻想に陥ることが批判される。

「重金主義のすべての幻想は，貨幣から，貨幣が一つの社会的生産関係を表わす，しかしそれを特定の諸属性をもつ自然物の形態で表わす，ということを見て取らなかった点に由来する。重金主義の諸幻想を見くだして嘲笑する現代の経済学者たちにあっても，彼らがもっと高度な経済学的カテゴリー，たとえば資本を扱うときには，たちまち同じ幻想が露呈してしまう。彼らが器用に物としてつかまえたと思ったものが，たちまち社会的な関係として現われ，そして彼らがようやく社会的な関係として確定してしまったものが，今度は物として彼らを愚弄する場合に見られる，彼らの素朴ないぶかりの告白のうちには，この幻想が現われ出ているのである。」(Ebd., S.114)

すなわち重金主義者が金・銀を富の唯一の形態と見なして，金・銀を獲得，蓄積することを儲けること，すなわち富の蓄積と同一視するという幻想は，貨幣となった金・銀という自然物のうちに生産関係が表わされていることを彼らが見抜けなかったことによるのである。当時の古典経済学者たちは重金主義者の幻想を免れていたが，彼らとて，時には社会関係として現われ，時には機械や原料などの物として現われる高度に複雑な富である資本を扱うときには重金主義者たちと同様の幻想に陥るのである。言い換えれば，マルクスの物象化論は，商品，貨幣や資本のような物象をそのまま富の源泉としてとらえることによって幻想に陥っ

た当時の経済学者に対して，これらの物象のうちに生産における人間と人間との関係を見ることにより，物象のうちに隠された経済的諸関係の本質を暴露し見抜くことによって当時の経済学を批判する理論的武器となったのである。この意味で物象化論はマルクスの経済学批判の理論でもあるとも言えよう。

（2）『経済学批判』の疎外論

　商品章においてはじめて「抽象的一般的労働」という概念が登場する。曰く，「交換価値を生み出す労働は，抽象的一般的労働である」(Ebd., S.109)。そしてこの抽象的一般的労働は生理学的な性質のものであることが次のように説明される。

　　「交換価値で表わされる労働は，一般的人間労働と表現することもできよう。一般的人間労働というこの抽象は，ある与えられた社会の平均的個人ならだれでも行いうる平均的労働という形で，すなわち，人間の筋肉，神経，脳等々のある一定の生産的支出という形で存在している。それは平均的個人ならだれでも身につけることのできる，そして彼らがなんらかの形態で行なわざるをえない単純労働である。」(Ebd., S.110)

　すなわち，抽象的一般的労働とは人間の生命力，厳密には労働力の支出を意味すると言ってよい。そしてこの抽象的一般的労働は後の『資本論』で価値の実体と見なされ，マルクスの労働価値論の基礎的概念となる。
　ところでこの「抽象的一般的労働」と表現されたものは，次のように貨幣の成立根拠を示す概念としても用いられている。

　　「彼は〔フランクリンは〕，交換価値に含まれている労働を，抽象的一般的労働として，個人的労働の全面的外化（allseitigen Entäusserung）から生じる社会的労働として展開しなかったから，

必然的に，貨幣がこの外化された労働（dieser entäusserten Arbeit）の直接的な存在形態であることを見そこなった。」(Ebd., S.134)

　この言葉に含まれているマルクスの積極的な主張を引き出せば，交換価値に含まれている労働を，抽象的一般的労働として，個人的労働の全面的外化から生じる社会的労働として展開すれば，必然的に，貨幣がこの外化された労働の直接的な存在形態であることが分かる，ということになろう。すなわち，交換価値に含まれている労働としての抽象的一般的労働は個人的労働が全面的に外化された結果として生じる社会的労働なのであり，貨幣はこの個人的労働が全面的に外化された労働の直接的な存在形態であるということになる。この点からすれば，マルクスがここで貨幣の成立根拠を「外化された労働」に求めていることは明らかである。したがって，ここには「広義の疎外論」が貨幣の成立過程の解明の理論として展開されていると見ることができるであろう。そして商品の交換価値の実体である抽象的一般的労働が『経済学批判』では，貨幣の成立根拠である社会的労働でもあることが次のように示される。

　　「諸商品は，直接的には個別化された独立した私的労働の生産物であって，これらの私的労働は，私的交換の過程でのその外化〔譲渡〕（Entäusserung）によって，自らが一般的社会的労働であることを実証しなければならない。言い換えれば，商品生産の基礎の上での労働は，個人的労働の全面的外化によってはじめて社会的労働となるのである。」(Ebd., S.156)

　つまり交換価値の実体である抽象的一般的労働はそのままでは交換価値を貨幣まで発展させることはできず，それは私的労働としての個人的労働が全面的に外化して，すなわち商品生産を行なう私的労働者の総体がその労働を相互に外化・譲渡し合って社会的労働に転化してはじめて交換価値は貨幣と化すことができるわけである。
　このように『経済学批判』では貨幣の生成は「広義の疎外論」から説

かれているが，『資本論』では周知のようにそれは価値形態論で展開されている。両著作の間にある8年間にマルクスの価値論に飛躍的な発展とそれに基づく理論的な転換があったことがうかがえる。

最後に『原初稿』と『経済学批判』で展開された広義の疎外論を整理すれば，およそ次のようになろう。

「疎外」の類語である「外化」と「譲渡」（というのは，「疎外すること」は「他人のものにすること」を意味することがあるから）が「労働の外化・譲渡」という表現で，いわば「広義の疎外論」と見られる議論が流通論および貨幣生成論として次のように展開されている。商品が流通するためには，商品所有者が存在しなければならないが，生産物が自己のもとに所有されるのは，それが自己の労働の対象化として領有されるからである。これが流通の土台である。流通すなわち他人の商品との交換は，自分の労働を外化することによって他人の労働を領有することである。こうして商品交換は個人的・私的労働が全面的に外化・譲渡されて社会的労働に転化することによって可能となり，それが一般的労働に転化することによって「外化された労働の直接的な存在形態である」貨幣が形成されるのである（Vgl. ebd., S.134）。以上が『原初稿』と『経済学批判』で展開されている疎外論である。

第5章 「1861～63年草稿」の物象化論と疎外論

第1節　商品・貨幣論における物象化論と疎外論

　「61～63年草稿」(以下,「草稿」) においては,物象化論がどのように資本関係に適用されているかが問題となる。というのは,「草稿」には,まとまった商品論と貨幣論が存在せず,それは『資本論』第1巻の「相対的剰余価値の生産」までの章と利潤・利子論ならびに「剰余価値に関する諸学説」と題された部分からなるからである。ただし,「剰余価値に関する諸学説」のなかにいわゆる「広義の疎外論」と物象化論が見出される。そこでまず「広義の疎外論」を貨幣の生成の必然性の論理として展開するマルクスの議論を提示する。

　　「労働は,私的個人の労働であって,一定の生産物に表わされている。しかし,価値としては,生産物は社会的労働の具体化でなくてはならないし,またそのようなものとして,ある使用価値から他のどんな使用価値へも直接に転化が可能でなくてはならない。(その労働が直接に表わされる一定の使用価値は,なんであってもよい。だから,ある形態の使用価値から他の形態の使用価値への転換が可能なのである。) したがって,私的労働は,直接,それの反対物として,社会的な労働として,表わされなくてはならない。このような転化された労働は,その直接の反対物としては,抽象的一般的労働であり,それゆえまた,この抽象的一般的労働は一つの一般的等価物でも表わされる。このような労働の譲渡 (Veräusserung) によってのみ,個人の労働は,現実に,それの反対物として表わされるのである。しかし,商品は,それが譲渡されるより前に,このような一般的表現をもたなければならない。個人の労働を一般的労働として表示することの必然

性は，一商品を貨幣として表示する必然性である。」（MEGA Ⅱ/3.4, S.1322）

　つまり商品生産においては，労働は私的個人の労働すなわち私的労働であり，それは労働生産物に対象化されているが，私的労働はそれの外化・譲渡によってその反対物である社会的労働として表わされ，それに対応して生産物は価値をもつようになり，商品となる。さらに社会的労働は抽象的一般的労働であり，一般的等価物に表わされる労働である。そして個人の労働を一般的労働として表示する必然性は，一商品を貨幣として表示する必然性であるとされる。この「広義の疎外論」の特徴は，一般的等価物としての貨幣の必然性を『資本論』のように価値形態の発展によって示すのではなく，私的労働の全面的外化・譲渡の結果として生じる私的労働の社会的労働への転化とその抽象的一般的労働としての表示の必然性の結果として示していることである。しかし，『資本論』では抽象的一般的労働は労働の社会的性格からではなく，むしろ人間の生命力の生理的支出としての人間労働――抽象的人間労働――から導出されている。したがって，「草稿」執筆以降は，この広義の「疎外論」による貨幣生成論は存在しなくなる。むしろ，貨幣の必然性は物象化論から説明されるようになる。その萌芽は先の引用文のすぐ後につづく次の言葉に見ることができる。

　「諸矛盾が出てくるのは，商品生産の基礎のうえで私的労働が一般的労働として表わされるということ，諸人格の関係が諸物と物との関係として表わされるということからであって――これらの矛盾は，事柄の言語的な表現のなかにではなく，事柄のなかに存するのである。」（Ebd., S.1323）

　この言葉に見られる特徴的なことは，第1に，商品生産において私的労働が一般的労働として表わされるということが，人々の関係が物と物との関係として表わされることと言い換えられていることである。言い

換えれば，個人的労働の全面的外化・譲渡による一般的社会的労働の生成という「広義の疎外論」とそれによる貨幣の生成の必然性を導き出す論理から商品生産者という人々の関係が商品交換という物と物との関係として表わされるという物象化の論理への転換が見られることである。第2には，この物象化が事柄のなかに存する矛盾であると見なされていることである。重要なのは，物象化が事柄のなかに存する事態であるだけでなく，それが矛盾であり，止揚・廃棄すべき事態であると言明されていることである。しかし，物象化を矛盾と見なすこの理論的な構えは，後の『資本論』においては表から消え去る。『資本論』の物象化論に物象化が廃棄すべきであり，止揚される必然性のある事態ないしは現象であるという歴史観が見えないという点にこの物象化論の問題点があると言えよう。

第2節　「資本の生産過程」章における物象化論と疎外論

(1)「貨幣の資本への転化」論における物象化論と疎外論

a　資本と労働の交換

　「草稿」の最初の部分をなす「第3章　資本一般」の「第1節　資本の生産過程」の「第1項　貨幣の資本への転化」においては，①資本関係成立の歴史的前提，②労働能力の商品化および③資本による労働過程の形態的包摂に関する理論が展開されている。これらの理論の展開において鍵となる概念は「労働の対象的諸条件から分離され疎外された労働能力」である。したがって，これらの理論の根底には労働疎外論が存在すると言ってよい。他方，物象化論はマルクスによってこれらの理論に自覚的に適用されているとは言えないように思われる。以下，これらの理論が疎外論と関連していることを示し，他方で資本関係の分析においてマルクスが物象化論をどのように適用しようとしているかを見ていく。

　まず貨幣の資本への転化にとって必要となるのは，その使用価値の消

費そのものが価値を形成しかつ増加させる商品を見いだすことである。このことをマルクスは次のように表現している。

> 「価値が，〔すなわち〕貨幣の形態で存在する対象化された労働が，増大することができるとすれば，それはただ，次のような商品，すなわちそのうちに存するその使用価値そのものが交換価値を増加させることにほかならず，その消費が価値創造あるいは労働の対象化と同義であるような一商品との交換によってでしかないであろう。」（MEGA Ⅱ/3.1, SS.31-2）

そしてそのような使用価値をもつ商品は「生きた労働力能（das lebendige Arbeitsvermögen）」（Ebd., S.31）である。したがって，貨幣は生きた労働力〔力能〕との交換によって資本に転化される。と同時に，労働力〔力能〕の対象化の前提となる労働諸条件が貨幣と交換されて貨幣所有者のものとならなければならない。というのは，彼の下で労働力〔力能〕と労働諸条件が結合されてはじめて労働過程が成立し，それによって同時に価値が増殖されるからである。ただし，生きた労働力〔力能〕が商品として存在することができるためには，それを自由に処分できる労働者が市場に存在しなければならない。このような労働者は次のように「二重の意味で自由な労働者」でなければならない。

> 「貨幣の資本への転化のための条件が，〔貨幣と〕生きた労働力能との交換，すなわち貨幣の持ち主からの生きた労働力〔力能〕の購買である以上，そもそも，貨幣が資本に，あるいは貨幣所有者が資本家に転化できるのは，まったくただ，彼が商品市場で，流通の内部で自由な労働者を見いだすかぎりにおいてである。自由な，というのは，一方では彼が自分自身の労働力〔力能〕を，商品として思うままに処分するというかぎりにおいてであり，他方では彼が思うままに処分できるほかの商品をなに一つもっていない，言い換えれば，彼の労働力〔力能〕を実現するための，すべての対象的諸条件から自由であり，

免れており，離れているというかぎりにおいてである。」(Ebd., SS.32-3)

　そして，第3章で述べたように，この「二重の意味での自由な労働者」の出現は，一方では商品生産の発展による物象化の進展とともに生じた人格的従属関係の解体と，他方では封建的生産様式の崩壊に伴って発生した土地を主とする労働の対象的諸条件と労働の癒着の解体，すなわち労働者からの労働の対象的諸条件の分離・疎外を歴史的に前提する。すなわち資本と労働の交換とそれによる貨幣の資本への転化，すなわち資本主義的生産の成立は，それに先行する歴史的発展と生産様式の没落の結果およびその要約である。この歴史的条件の生成は資本の本源的蓄積論に属する事柄であり，「資本論」第1巻ではじめて理論化される。(もちろん「草稿」にもこの問題に関する記述は存在するが，その記述は「草稿」の最後の項目「4．剰余価値の資本への再転化　β　いわゆる本源的蓄積」にあるものの，断片的記述であり理論化されていない。したがって，ここでは「草稿」における本源的蓄積論は論じない。)
　さらにマルクスによればこの労働力〔力能〕しか持たない労働者は，労働条件を奪われただけでなく，それによって生存条件も奪われた存在であるという意味でその概念からして貧民である。

　　「労働手段および生活手段を剥奪された労働力能は絶対的貧困そのものであり，また労働者は，そのような労働力能の単なる人格化として，現実には自分の諸欲求をもっていながら，他方それらを充足するための活動は，ただ対象を喪失した・自分自身の主体性のなかに閉じ込められた・素質（可能性）としてもっているにすぎない。労働者はそのようなものとして，その概念からして，貧民（Pauper）であり，自分の対象性から孤立化され切り離されたこの能力の人格化および担い手として，貧民である。」(Ebd., S.35)

　つまり労働者が労働手段を奪われることは，労働が自己の活動ではな

く他人の活動となることである。しかも労働は自然と人間の間の物質代謝を媒介する活動であり，その意味で人間は労働によって生活手段をわがものとするのであるから，労働者から労働手段が奪われることは，彼から生活手段が奪われることを意味する。ここにいたって，労働者の労働手段からの疎外を説く労働疎外論から貧困化論が導出される。さらに労働者の貧困化の根拠が労働の疎外にあることは，資本主義的生産の前提である労働力〔力能〕と貨幣の交換からも論じられる。

「労働者がこの交換〔労働力と貨幣の交換〕によって富むことができないのは，……　労働者は労働能力（Arbeitsfähigkeit）の現存の価値量と引き換えにそれの創造的な力（*schöpferische Kraft*）を譲ってしまうからだ，ということは明らかである。それどころか，彼の労働の創造的な力が資本の力として，疎遠な力（*fremde Macht*）として，彼に対抗して確立されることによって，彼は貧困化せざるをえない。彼は富の生産力としての労働を外化してしまう（*sich entäußern*）のであり，資本は労働をそのようなものとして領有する（aneignen）のである。それゆえ，労働と労働の生産物との分離，労働と富との分離は，この交換の行為そのもののなかに措定されている。」(Ebd., S.142-3)

すなわち，労働者が労働力〔労働能力〕を貨幣と交換することは，労働の外化であり，それによって資本は労働を領有するが，その結果として労働者は労働の生産物から分離され，生活手段を奪われる。このような論理はすでに『経哲草稿』で展開されている疎外論のいっそうの発展ないしは具体化である[1]。このように労働者の貧困化は労働の外化〔疎外〕の結果として必然的に生じる。と同時にこの交換によって労働者の創造的な力が資本の力として労働者に対立するという関係が確立される。ここまでわれわれは労働力〔労働能力〕と貨幣との交換による資本・賃労働関係の成立における疎外論の展開を見てきた。

b 資本のもとへの労働過程の形態的包摂

 さて,資本・賃労働関係の成立によって資本主義的生産がはじまるが,それは商品・貨幣関係が労働過程を支配・包摂すること〔これは「絶対的剰余価値の生産」の段階に属する〕によって遂行される。マルクスによると,「資本は,それが発展していくなかではじめて,労働過程を自己のもとに形態的に包摂するばかりでなく,それを変形し,生産様式を新たに形づくり,こうしてはじめて,自己に特有の生産様式を手に入れる」(Ebd., S.83)という。さらに「資本のもとへの労働過程の形態的包摂」とは,労働者が資本家の監督・統制のもとに入ること,すなわち労働過程が資本家の意志の統御および監視の下におかれることである (Vgl., ebd., S.84)。したがって労働過程が技術的には資本主義的生産様式より以前の形態,たとえば,手工業の形態であろうとも,それが資本家の指揮のもとにおかれている限り,その労働過程は資本のもとへ形態的に包摂されており,それは同時に価値増殖過程であり,剰余価値を生み出す。つまり資本主義的生産過程はその内容としての労働過程とその形態としての価値増殖過程の統一であり,そこにおいて労働過程が価値増殖過程として遂行される限り,労働は強制であり,ここに資本関係の対立的諸契機が明確に現われる。マルクスはこの資本の敵対的かつ対立的本性を以下のように表現している。

 「価値それ自体を表わす資本家に対して,労働者は,労働力能そのものとして,労働者そのものとして対抗しており,その結果,自己自身を増殖する価値,自己自身を増殖する対象化された労働と,生きた価値創造的労働力能とのあいだの対立が,関係の要諦かつ本来の内容をなしている。」(Ebd., S.36)

 「価値一般が労働力能に対立し,対象化された過去の労働が生きた現在の労働に対立し,労働の諸条件が労働そのものに対立してとる,この独自の位置が,まさに資本の独自の本性をなすのである。」(Ebd., S.85)

これらの資本関係の対立的諸契機の一方である労働は、「労働者自身の生の発現（Lebensäusserung）であり、彼自身の人的熟練および能力（Fähigkeit）の実証……である」（Ebd., S.83）が、それが資本のもとに包摂されれば、「労働者は、自分が労働者であることを実証し、自分の労働力能を発現させる（äussern）のに応じて、それだけ自分の労働力能を外化してしまう（entäussern）、——というのは、彼の労働力能は、労働過程が始まる以前に、すでに、自己を発現する能力として貨幣所有者に譲渡（veräussern）されているからである」（Ebd., S.85）。このように労働過程が資本のもとに包摂されれば、生の発現である労働は外化として、『経哲草稿』や『要綱』の表現の仕方でいえば、対象化は疎外として現われる。すなわち、労働は資本に包摂されることによって疎外されるのである。

　それに対して、資本関係の対立的諸契機の他方、すなわち資本家ないしは資本は「対象化された（過去の）労働」と表現される。それはあるいは労働そのものが「生きた（現在の）労働」であるのに対して、「死んだ労働（die tote Arbeit）」とも言われる。それは素材的内容からすれば労働手段や原料などの生産手段であるが、形態からすれば自己増殖する価値である。そしてこの価値は自己増殖するという能動性をもつものとして「自我性（Selbstigkeit）」を有する。

　「こうして価値は、過程を進みつつある、また過程のなかで自己を維持し保存する価値として現われる。こうしてそれは、自我（Selbst）として——この自我の化身が資本家である——すなわち価値の自我性〔として現われる〕。労働（生きた）は、資本（価値）が自己自身を再生産し増加させる手段、動因として現われるにすぎない。」（Ebd., S.86）

　「したがって、労働手段そのものおよび材料そのものは資本ではないにもかかわらず、それらそのものが資本として現われるのであって、その理由は、労働者に、したがってまた労働そのものに対立する

これらの自立性，それらの自我的存在がそれらの現存在に生えこんで（einwachsen）しまったからである。これは，金・銀が貨幣として現われ，それが表象のなかでは，それが担い手として担っている社会的生産関係と直接結びつけられているのと，まったく同様である。」(Ebd., S.86)

　すなわち，労働に対立する資本は労働の能動性を奪い取り，それによってそれ自身が自我性＝主体性を帯びることによって逆に労働を自己増殖というそれ自身の運動の手段とする。これによって貨幣において金・銀という物が価値をもつものとして現われ，社会的生産関係と結びけられているのと同様に，それ自身は物にすぎない生産手段そのものが資本として現われて，労働に対立する自立性＝自我性をもつようになる。これは物象の人格化であり，物象化に固有の一つの現われであるが，マルクスはここに資本の物象化的本性が現出しているという自覚があるかどうかは明確ではない。しかし，資本が自我的存在となり，生産手段それ自体が価値をもつだけでなく価値を生み出す源泉であるように見える自立性を帯びるという意味での物象の人格化という物象化的事態は，労働諸条件の労働からの疎外，それによる労働そのものの創造的な力＝能動性の資本への譲渡に由来し，それに根拠を有することは，これまでの記述から明らかであろう。つまり資本における物象化は究極的には労働の疎外の結果であると見なしてよいであろう。

　要するに，一方で，商品生産の発達によって人格的従属および束縛から自由となった〔物象化の結果としての〕労働者が，封建制生産様式の解体によって一切の生産手段から自由となった〔＝疎外〕結果として持つ労働能力＝商品を貨幣所有者に販売し，他方で今や資本家となった貨幣所有者の下でこの労働能力が生産手段と結合して労働過程が価値増殖を目的として遂行される。それとともに成立した資本主義的生産のそれ以前の生産形態と質的に異なる特徴をマルクスは次のように表わしている。

「彼〔労働者〕の労働の対象的諸条件そのものが，単に対象化された労働として，すなわち価値として，貨幣として，そして商品として，すなわち対象化された労働として彼に対立していること。この対象化された労働は，ただ，自己を維持し，増加させるために，自己を増殖するために，より多くの貨幣となるためにのみ，自己を生きた労働と交換する。また労働者は，労働の対象的諸条件——彼自身の生活手段からなっている限りでの——の一部分を手に入れるために，自分の労働力能をこの対象化された労働と交換する。したがって，この関係のなかでは，労働の対象的諸条件は，より自立的となった・自己を堅持する・そして自己自身の増加だけをめざす・価値としてのみ現われる。したがって，この関係の全内容も，労働から疎外されている彼の労働の諸条件が現象する仕方も，政治的，宗教的およびその他のいっさいの装いなしにその純粋に経済的な形態で存在する。それは純粋な貨幣関係である。」(Ebd., S.116)

ここでいう「この関係」には何の名称も与えられていないけれども，資本と賃労働の関係，略して資本関係と呼ぶならば，これまでのどの生産形態にもない資本関係の特徴とは，第1に労働と労働の諸条件が分離されることによって，第2に労働能力が貨幣と交換されることによって，および第3に労働が価値を形成・創造することによって，労働の諸条件が対象化された労働として価値となる，ことである。またそれだけでなく労働の生産物としての商品も対象化された労働として価値となることによって，生産の条件〔生産手段〕もその結果〔商品〕も，生産のすべての要素が価値という貨幣で表現される純粋に経済的な関係となることである。このような関係を次の文でマルクスは「単なる生産関係」と呼んでいる。

「資本においてのみ，この関係から，政治的，宗教的，その他のあらゆる観念的な装いが脱ぎ捨てられている。それは，——両者〔資本家と労働者〕の意識のなかで——単なる売買関係に還元されている。

労働諸条件は，なんの装いもなく労働諸条件として労働に対立し，またそれらが労働に対立するのは，対象化された労働，価値，貨幣，としてであるが，貨幣は自己自身が労働そのものの単なる形態であることを知っており，また対象化された労働として自己を維持し，増加させるためにのみ自分自身を労働と交換するのである。したがって，この関係は，純粋に，単なる生産関係——純粋に経済的な関係——として現われてくる。そしてこの土台の上でふたたび支配諸関係が展開される場合には，それらは，労働諸条件の代表者である買い手が労働力能の所有者である売り手に対立する関係から，出てくるものにすぎない，ということが意識されているのである。」(Ebd., S.117)

この一文は，労働能力が貨幣と交換されてふたたび，しかし今度は資本関係のなかで価値増殖という純粋に経済的な目的で労働諸条件と結合されることが資本主義的生産の他の生産形態と異なる特徴であることをよく表わしている。この資本関係は「単なる生産関係」として純粋に経済的な関係であり，それはもっと日常的な用語でいえば，売買関係，金銭関係または貨幣関係に還元される。このような資本・賃労働関係を内実とする生産関係は，後にマルクスによって資本主義的生産関係と呼ばれるようになる。そして資本は俗流経済学者たちが考えているように決して物や物象ではなく生産関係であり，それが物や物象に見えるのはこの生産関係が物象化して現われるという本性を有しているからにほかならない。他方，資本は価値であり，しかも自己増殖する価値である。そして価値の実体が労働であり，自己増殖する価値の実体が生きた労働を支配・吸収する死んだ労働〔過去の労働〕であることはこれまでの説明から容易に看取できるだろう。またこのように過去の労働が生きた労働にたいして対立する事態が「疎外」だということは，次のマルクスの言葉からも明らかである。「ここで，労働の客体的諸条件——過去の労働——が，生きた労働にたいして直接的な対立のかたちをとる疎外というものが，はじめて妥当するようになる」(MEGA Ⅱ/3.6, S.2057)。以上から，一方では，労働の疎外または「疎外された労働」は資本主義的生

産関係の本質的内実・実体であり，他方では，この生産関係は資本または生産手段等として物象化して現われざるをえない本性を有していると言えよう。「草稿」の議論からこのことは明確に読み取ることができるだろう。

（2）「相対的剰余価値の生産」の理論における物象化論と疎外論

「草稿」のなかで「相対的剰余価値」と題された部分は時間的に分離して書かれている。すなわち前半の「a 協業」と「b 分業」の項と「γ 機械」と題された断片は，「剰余価値に関する学説」の前に書かれ，大部の「γ 機械」と「相対的および絶対的剰余価値」の項はその後に，すなわち「草稿」の最後の部分に書かれている。以下では，前半の三つの項と後半の二つの項に展開されたマルクスの物象化論と疎外論を順次に検討する。

a 協業

まずマルクスは，協業，分業および機械〔マルクスは「草稿」ではいまだ「機械制大工業」という用語は使用していない〕という用語を，相対的剰余価値の生産を目的とした労働過程，すなわち技術的過程に属する生産様式を表わすものとして用いていることを確認したい

> 「単純協業は，それのさらに発展した形態と同様に——総じて労働の生産力を高めるあらゆる手段と同様に——，労働過程に属するものであって，価値増殖過程に属するものではない。」（MEGA Ⅱ/3.1, S.233）

ここで「労働の生産力を高めるあらゆる手段」とは協業だけでなく分業および機械の使用を含むことは明らかである。またこれらの手段によって高められた労働の生産力とは，社会的労働の生産力のことである〔ただし，別の箇所では「労働の社会的生産力」という用語も使用されている（Vgl. MEGA Ⅱ/3.6, S.2057）〕。社会的労働とは「多数者の結合労働（Zusammenarbeiten）」である。しかし，協業，分業および機械

の使用における労働者の社会的結合によって生まれる生産力はすべて資本の生産力として現われる。この次第をマルクスは次のように表現する。

「労働者たちは労働過程に入るときには、すでに資本に合体されているのであって、それゆえ彼ら自身の協業は、彼ら自身が取り結ぶ関係ではなく、……　いまや彼らがそこに属する関連、それ自身が彼らに対する資本の関係として現われる関係である。それは、彼ら相互の結合（Vereinigung）ではなく、彼らを支配する統一であり、その担い手かつ指導者は、ほかならぬ資本そのものである。労働における彼ら自身の結合——協業——は、実際には彼らに疎遠な力（fremde Macht）であり、さらに詳しく言えば、バラバラにされた労働者に対立する資本の力（Macht）である。」（MEGA Ⅱ/3.1, S.235）

すなわち労働者はバラバラな個人として資本家に雇われるのであり、作業場や工場という資本家の施設の下で集まり結合して労働するときには彼らは資本に合体され、資本の構成部分として存在している。したがって、彼らが結合労働としての協業によって発揮する生産力は資本の生産力であり、彼らに対立する疎遠な生産力である。さらに「多数者の結合労働　……　とともに指揮の、監督の必要性が一つの生産条件として現われる。すなわち、労働者たちの協業によって必須のものになった、つまり協業が原因で生まれた新しい種類の労働、つまり監督労働として現われる。　……　この労働者たちは、労働者軍に対して資本と資本家を代表する」（Ebd., S.236）。そしてマルクスは、「a 協業」の項を次のように総括する。

「単純協業は、労働の社会的性格を資本の社会的性格に転換させ、社会的労働の生産力を資本の生産力に転換させる最初のものであり、最後に、資本のもとへの〔労働過程の〕形態的包摂を生産様式そのものの実質的変化に転化させる最初のものだ、ということである。」

(Ebd., S.237)

　この言葉からわれわれは，マルクスが「資本のもとへの労働過程の実質的包摂」の概念の意味内容をすでに提起していること，さらにこの実質的包摂が生産様式の変化，独自に資本主義的な生産様式〔マニュファクチュアおよび機械制大工業〕の出現を不可欠の条件と見なしていることを看取することができるであろう。
　次に「a 協業」の項でマルクスが説明した協業に固有の現象，すなわち協業によって発生する社会的労働の生産力が資本の生産力として労働者に疎遠な力として現われることは，物象化の事象なのか疎外と見なすべき現象なのかを検討したい。
　結論から先に言えば，この事態は物象化と見なすべきであろう。その理由は，第1には，「草稿」の後半部においてマルクス自身が，次のように，この事態を貨幣における物象化と同類のものと見なしているからである。

　　「社会的労働のすべての生産諸力は資本の生産諸力として現われるが，それはちょうど，貨幣において労働の一般的な社会的形態が物の属性として現われるのと同様である。…… この場合もまた関係の転倒であって，われわれはすでに，貨幣制度の考察のさいに，物神崇拝をこの転倒の表現として示した。」(MEGA Ⅱ/3.6, .S.2160)

　第2の理由は，この引用文の説明ともなるのであるが，物象化の起きる機構ないしはメカニズムによるものである。先の引用文では貨幣における物神崇拝が資本における物象化の類例として挙げられていたが，ここでは『資本論』第1巻の商品章が物象化のメカニズムを明示している唯一の箇所なので，商品における物象化を類例として説明する。マルクスは商品における物象化を『資本論』第1巻で次のように説明している。

「生産者たちにとっては，彼らの私的諸労働の社会的諸関連は，そのあるがままのものとして，すなわち，人格と人格が彼らの労働そのものにおいて結ぶ直接的に社会的な関係としてではなく，むしろ，人格と人格との物象的関係および物象と物象との社会的諸関係として現われるのである。」（MEW Bd. 23, S.87）

つまり商品生産においては社会的分業が発展しているため，各生産者は単一の種類の生産物をもっぱら生産する私的労働者である。それゆえ，彼らは自己の生産物と他の生産者の生産物との交換によって自分の欲しい他の使用対象ないしは生活必需品を手に入れなければならない。言い換えれば，彼らは共同体の成員のように人格と人格との直接的関係の下での総労働の配分によって生活手段を手に入れるのではなく，彼らの相互の生産物の価値関係，すなわちそれらの生産物に対象化されている抽象的人間労働の量的関係に媒介されてはじめて自分の欲しい使用対象を手に入れる。つまり「人間たちは彼らの種類を異にする生産物を交換において価値として互いに等置し合うことによって，彼らのさまざまな異なる労働を人間労働として互いに等置する」（Ebd., S.88）。それによって人格としては孤立している私的労働者は，今や価値という一般的存在をもつようになった商品としての彼らの生産物どうしの社会的関係をつうじて互いに関係することができるようになる。このように商品における物象化は，個別的私的人間がそのままでは一般的社会的人間にはなれずに，商品という物象に彼らの一般的社会的性格を投影して，間接的に彼らの社会的性格を獲得するための機構である。言い換えれば，商品における物象化は，人間における個別性と一般性，私的性格と社会的性格の分裂を，一般性・社会性を物象に対象化することによって，媒介ないしは克服するシステムであると言えよう。

資本における物象化の一形態である労働の社会的生産力の資本の生産力へ転化も，労働者たちは労働力の売り手としてはバラバラで孤立した個別者にすぎず，それに対して労働の社会性がもたらす生産力，すなわち社会的労働の生産力は資本という物象的形態において実現せざるをえ

ないという論理によるものであろう。これも人間の個別性と一般性，私的性格と社会的性格の媒介・克服の方法であると言ってよいだろう。このような意味で社会的労働の生産力の資本の生産力への転化は，商品や貨幣における物象化と同様ないしはいっそうの発展である。

b 分業

他方でマルクスは「b 分業」の項で，分業における協業のあり方，すなわち労働という活動の結合（Combination）の変化を分析し，次のように述べる。

「分業におけるこの協業〔結合（Combination）〕は，もはや同じ諸機能の並列ないし一時的な配分として現われるのではなく，諸機能の全体をその構成部分に特殊化したうえでこれらのさまざまな構成部分を一つに結び合わせるものとして現われる」（MEGA Ⅱ /3.1, S.253）。

「労働者自身にとっては，もろもろの活動の結合（Combination）は生じない。それどころか，この結合は，あらゆる労働者またはある一定数の労働者たちを集団的に包摂している一面的な諸機能の結合である。」（Ebd.）

すなわち，諸機能の全体，あるいは全体機能は作業場として存在しており，作業場は労働者にたいしては資本として相対し，「労働者にたいして彼らを支配し包括する外的な力（eine äusserliche Macht）として対立しており，実際に資本そのもの——労働者の一人ひとりがそのもとに包摂されており，彼らの社会的生産関係がそこに属している——の力として，またその一つの存在形態として対立している」（Ebd.）。協業との対比でいえば，協業における労働者の関連は同一の諸機能の集合でしかなかったが，分業においては労働者の諸機能は，肯定的に言えば，専門的に分化・特殊化し，否定的に言えば，一面化，抽象化，部分化する。他方で全体としての作業は有機的全体を形成する。このような分業における労働者の資本への従属をマルクスは次のように描いている。

「労働者の労働力能が全体機構——その全体が作業場を形成する——の一部分の単なる機能に転化することによって，彼はそもそも一商品の生産者であることをやめてしまったのである。彼は一つの一面的な作業の生産者でしかなく，その作業がそもそもなにかを生産するのは，作業場を形成する機能全体との連関のなかにおいてでしかない。したがって，彼は作業場の生きた一構成部分なのであって，自身の労働の様式そのものによって資本の付属物になってしまった。というのは，彼の技能は，作業場においてでしか，つまり彼に対立して資本の現存在になっている一機構の一環としてでしか，発揮されえないからである。」(Ebd., S.254)

「この結合（Vereinigung），つまり資本主義的協業の条件である資本の指揮のもとへの労働者の集結（Agglomeration）」(Ebd., S.244)

つまり労働者たちがその中で有機的に結合して労働する作業場は，彼らの労働の有機的全体の象徴であり，そういうものとして資本の現存在である。労働者がマニュファクチュアにおいて資本の付属物となってしまったというのは，彼がこれまでの手工業という労働様式を基礎とした単純協業の下で有していた一商品の生産者としての熟練労働者の自立性をいまや喪失し，資本が指揮するだけでなくそれ自体が資本の現存在である全体労働の一部を構成するにすぎない部分労働者に成り下がってしまったことを意味する。このようにマニュファクチュアは，労働様式は手工業を基礎としているが，労働者の作業を特殊化し，専門的に分化し，そうした異なる作業を有機的に結合することによって新しい生産様式，資本主義的生産の一様式として確立され，資本主義はマニュファクチュアとともにはじめて自己に固有の生産様式をつくりだした。この点をマルクスは，次のように指摘している。

「マニュファクチュア（機械制作業場すなわち工場とは区別しての）は，分業に照応する独自の生産様式あるいは工業形態である。マニュ

ファクチュアが資本主義的生産様式の最も発展した形態として自立的に登場するのは，本来の機械の発明以前のことである。」(Ebd., S.270)

こうして資本は，単純協業における従来の手工業の労働様式に基づく熟練労働者の作業場への統合という最初の生産様式の変化を経て，マニュファクチュアにおいて生産様式そのものの実質的変化――資本主義に独自の生産様式の成立――を成し遂げた。そしてこの歴史的段階は，「もはや，資本の下への労働過程の単なる形態的包摂ではない。資本が相対的剰余価値を創造するための，生産諸力を高め生産物量を増加させるための様々な手段は，すべて労働の社会的形態であるが，それらが反対に，資本の社会的形態――資本そのものの，生産の内部での現存様式――として現われるのである」(Ebd., S.285)。すなわち，マニュファクチュアによっていっそうの発展を遂げた「資本のもとへの労働過程の実質的包摂」〔この用語はこの時点のマルクスは用いていないが，事実上この概念はマルクスによって提起されている〕は，相対的剰余価値を創造するために必要な社会的労働の生産力を高めるための手段を発展させた。それは労働の社会的形態である。しかし，マルクスによれば，この労働の社会的形態は，物象化されて，資本の社会的形態として現われるのである。この物象化は，社会的労働の生産力が資本の生産力として現われる物象化と同様である。以上が「b 分業」の項で展開された物象化論である。

さて，資本主義的生産は，「二重の意味での自由な労働者」の市場での出現と貨幣所有者による彼らの労働能力と生産手段の購入，さらにはこうして資本家となった貨幣所有者の作業場での労働者軍の行う価値増殖を目的とした労働過程の遂行によってはじまる。したがって，資本主義的生産はそれに先行する生産様式の解体という歴史的条件を前提に成立したと言ってよいだろう。この歴史的条件とは，労働の対象的諸条件からの労働者の分離・疎外，無所有な労働者軍の存在であり，また貨幣所有者の下での貨幣の蓄積，すなわち資本家の存在である。これらの諸

条件の存在によってはじめて資本は歴史的に生成する。この資本の歴史的生成は，資本の本源的蓄積過程に属する。しかし，これらの条件，すなわち一方では労働者が，他方では資本家が対立して存在する関係，言い換えれば資本主義的生産関係は，いったん資本主義的生産がはじまれば，それ自身の土台の上で再生産されるので，資本の拡大再生産とそれによる資本の蓄積過程をつうじて資本主義的生産は拡大していく。こうした資本の歴史的生成と資本主義的生産の土台の下での資本の再生産に関して，マルクスは次のようにまとめている。

「過去の労働〔対象化された労働〕を資本にする，社会的生産関係のこの一定の形態は，物質的生産過程の一定の発展段階に，一定の物質的な，しかしそれ自身が歴史的に創造されたばかりの生産諸条件に，照応することも明らかになる。この生産諸条件の出発点はもちろん社会の前資本主義的生産段階に属するのであり，その生産諸条件の確立および発展は，獲得された資本主義的土台の上で生産が運動しはじめるまでは，資本の生成そのものと一致するのであるが，このあと，すなわち資本主義的土台の上で生産が運動しはじめたあとでは，この諸条件は拡大され再生産されるにすぎない。さらに資本のこの生成は，同時に，労働の外化過程（Entäusserungsproceß der Arbeit），疎外（Entfremdung），労働自身の社会的諸形態を疎遠な諸力（fremder Mächte）として表示すること，として現われる。」(Ebd.)

この文でマルクスが言わんとすることは，第1には，賃労働の創造した価値を資本にするのは資本主義的生産関係であるが，この生産関係は歴史的諸条件を前提として成立した資本主義的生産様式に対応して成立したものである。第2には，この資本主義的生産様式それ自体の歴史的成立と発展は資本の歴史的成立と発展と同時であるが，いったん資本主義的生産の土台が築かれれば，資本主義的生産の成立条件，すなわち資本家階級と無所有な労働者階級の関係——資本主義的生産関係——は再生産される。第3には，資本の歴史的生成は，労働の疎外過程および労

働の社会的諸形態が疎遠な〔他人の〕諸力，すなわち資本（家）の諸力として表わされる，ということである。

このマルクスの主張の第１点と第２点は，資本の成立が歴史的には資本の本源的蓄積を前提していること，資本主義的生産関係は資本主義的生産様式に照応していること，資本主義的生産自体が資本主義的生産関係を再生産すること，という『資本論』第１巻の資本蓄積論で定式化された議論であり，詳論する必要はないであろう。問題は，資本の歴史的生成をマルクスが疎外，労働の外化過程ととらえ，それを「労働自身の社会的形態が疎遠な諸力として表示されること」と説明していることである。ここで「労働の外化過程」と呼ばれるときの「過程」とは，「労働過程」，「価値増殖過程」および「資本の生産過程」という用語が表わすような何度も繰り返される過程ではなくて，例えば「資本の生成過程」という場合のような歴史的過程を表わしていると考えられる。というのは，先の引用部分では「資本のこの生成は，同時に，労働の外化過程 …… である」と言われているからである。すなわちマルクスは，原始共同体的生産様式〔マルクスはこの時点ではこの生産様式の存在を確認できず，それに近いものとしてアジア的生産様式を挙げていた〕にはじまり古代（奴隷制）的生産様式およびそれに続く封建的生産様式で終わる前ブルジョア的〔前資本主義的〕生産様式が解体・崩壊して資本主義的生産様式が成立する資本の生成過程を「労働の外化過程」すなわち「疎外」ととらえたのである。言い換えれば，マルクスは疎外を労働の疎外であるだけでなく，労働の疎外過程という歴史的過程であると見なしたのである。ここに，すなわち疎外を労働の疎外の歴史的過程ととらえた点にマルクスの疎外論の第１の大きな特徴がある。要するにマルクスの疎外論は歴史を労働の発展過程から見通す弁証法的な歴史理論なのである。

一方，「疎外」という用語のマルクス的意味は，第１には，労働者の作り出した生産物が資本家という他人の富となり，労働の生産力が資本の生産力として労働者に対立してくることである。第２には，労働の対象的諸条件が労働から疎外されて労働から分離すること〔この事態は，

既述のように，資本の歴史的生成の条件の一つであり，また確立された資本主義的生産の土台の上で常に再生産される資本の前提である〕である。ところで，先の引用文では労働の疎外は，具体的には「労働自身の社会的諸形態が疎遠な諸力として表示されること」とされているが，この事態はマルクスによって次のようにも規定されている。

　「資本が相対的剰余価値を創造するための，生産諸力を高め生産物量を増加させるための様々な手段は，すべて労働の社会的形態であるが，それらが反対に，資本の社会的形態——資本そのものの，生産の内部での現存様式——として現われるのである」(Ebd.)。

　しかし，「労働の社会的形態が，反対に，資本の社会的形態として現われる」ことは，労働という主体の社会的形態が，資本という物象ないしは客体の社会的形態＝社会的形態規定として現われるという意味では物象化である。というのは，ここでいう「資本」とは「対象的な労働諸条件——生産された生産諸手段と大地——が賃労働にたいして取る一定の独特な〔すなわち歴史的な—引用者〕社会的形態（それらはまた賃労働を前提する）」(MEW. Bd. 25, S.832) であり，その意味においては，一定の歴史的時代によって規定された生産関係の物象的表現だからである。このように見てくると，その概念の意味内容からすれば，労働の疎外は物象化と重なるかのようであるが，そうではない。労働の疎外は，それ自体が労働の産物である労働手段と原料等の生産手段が資本の社会的形態〔自己増殖する価値〕を取って労働自身に疎遠な社会的力として労働者に対抗するという資本と労働の対立的契機を内蔵しているのに対して，物象化は，資本という一定の歴史的に独自の生産関係が生産手段という物または物象として現われること，そしてその結果，生産諸要素すなわち物または物象としての生産手段それ自体，いいかえればその素材的実体が，労働に対するこれらの労働諸条件の一定の社会的形態である資本，すなわち利潤や地代を生み出す資本と一体化して見えることに存するのである。この点が疎外と物象化の基本的な相違である。

c 機械，自然諸力と科学の応用
（ⅰ）　機械制作業場（工場）

　単純協業と分業に基づくマニュファクチュアにおいては，労働の外的諸条件の変化——労働者を一つの共同の作業場に集めること——によって労働の統一と結合という労働の社会的性格から生じる生産力が新たに創造され，これによって相対的剰余価値の生産が可能になった。このような労働の外的諸条件の変化だけでも新たな生産様式の生成を意味するが，資本主義的生産に最も適合した固有の生産様式は，道具から機械への労働手段の変化によってもたらされる。この変化をマルクスは次のように表わしている。

　「こうした変化〔労働条件の変化〕は，単純協業と分業に基づくマニュファクチュアにあっては，ただ建物などのような共同で利用される一般的労働条件に及ぶだけである。機械に基づく機械制作業場では，この変化は本来の労働用具をとらえる。資本のもとへの労働の形態的包摂の場合と同様に。これらの〔労働〕諸条件は，したがってまたその変化した姿態——労働そのものの社会的形態によって変化した姿態——は，あくまでも労働者には疎遠な事態 (fremder Umstand) である。機械の場合，この対立あるいはこの疎外は，あとで見るように，敵対的な矛盾にまでも進む。」(MEGA Ⅱ/3.6, S.2014)

　ここで問題となるのは，引用文の後半で指摘されているように，労働用具から機械への労働条件〔正しくは労働手段〕の変化とそれに伴う労働の社会的形態の変化した姿態が労働者にとっては疎遠な事態，すなわち疎外という対立となり，これが敵対的な矛盾にまで発展することである。この疎外は，協業と分業においても，「労働の社会的形態＝労働の結合」が労働者にとって外的なもの，具体的には労働者を一カ所に集合させる作業場という建物となって，資本の社会的形態に転化し，労働者にとって疎遠な力になることとして現われた。さらにこの疎外は，分業においては，特殊化，専門化され，細分化された個々の労働者が，今や

資本に属する全体労働——その現存在が作業場という建物である——の一部を構成する部分労働者に成り下がるという資本への労働の従属を意味している。そして機械を充用する新しい生産様式の下では，この資本への労働の従属は機械体系への労働者の従属として現われる。

　「協業（単純な）と，そして協働する〔労働〕者を大きな全体自動装置の様々な部分に，その動く付属物として，かつそれに奉仕する者として配置することが機械制作業場を特徴づける。機械の運動と作業に従属し，彼は宿命に縛り付けられているように機械に縛り付けられていること，労働の水平化と受動性，専門的技能の欠如，あるいはせいぜい単なる年齢と性の相違が専門的技能にまで発展すること〔によって特徴づけられる。〕ここでは，規律と服従は，単に協業から生じるだけでなく，機械の全体系への〔労働者の〕従属からも生じるのである。」(Ebd., S.2022)

この機械体系への労働者の従属は，手工業において労働者が道具を使用していた関係，すなわち主体である労働者が客体である道具を支配していた関係を逆転する。いまや機械制作業場〔工場〕においては手工業とは逆に労働者が機械に使用される関係が支配的となる。その理由は，マルクスによれば，資本主義的生産の次のような特徴にある。

　「総じて資本主義的生産を特徴づけているのは，労働諸条件が，自立し人格化されて，生きた労働に対抗するということ，労働者が労働諸条件を使うのではなくて労働諸条件が労働者を使うのだ，ということである。まさにこのことによって，労働諸条件は資本になるのであり，その諸条件を所有している商品所有者が労働者に対立して資本家になるのである。」(Ebd., S.2014)

ここで資本主義的生産の特徴として挙げられている事態，すなわち「労働諸条件が，自立し人格化されて，生きた労働に対抗するというこ

と」は，先の引用文において「疎外」として言及された機械という労働条件と労働者の対立と同じものである。しかし，「労働諸条件が人格化されること」は，労働条件という物象の資本家という人格への転化であり，すなわち物象の人格化であり，その意味では物象化に属する。このように，「草稿」のマルクスにおいては，資本主義的生産に存在する諸対立は「疎外」という言葉で表わされている場合が多いものの，その諸対立のなかには後に「物象化」と規定される事態も含まれているようである。したがって，「草稿」執筆時のマルクスは「疎外」と「物象化」に関しては自覚的な区別をしていないように思われる。この点については，さらに後で言及する。

(ⅱ) 資本への労働過程の実質的包摂

　資本主義的生産は，従来の古い労働様式——たとえば，手工業における手労働——をそのまま取り入れて，労働時間を必要労働時間以上に延長するなどの手段で絶対的剰余価値を創造することができる。この場合には資本家が労働者に対する所有権原を保有することよって，資本は労働過程を形式的に自己のもとに包摂するにすぎない。しかし，このような絶対的剰余価値の生産は，労働者の労働時間には肉体的な限界があることなどのために，生産規模を拡大する以外には剰余価値の量を増大することはできなくなる。そこで資本家は，一定の限られた労働時間内での必要労働時間の比率を低下させ，剰余労働時間の比率を高めることによって相対的剰余価値を獲得するために労働の社会的生産力を向上させる生産方式を採用する。それが協業と分業であり，これらの方式を取り入れた最初の資本主義的生産様式がマニュファクチュアである。しかし，マニュファクチュアは，労働の社会的形態を発展させることによって労働の社会的生産力を発展させることはできたが，労働手段は相変わらず，手工業で用いていた道具のままであった。この生産様式では，労働者の個々の労働力が生産の出発点と原動力であるという限界があった。ところが各種の道具が互いに結合して一台の機械〔道具機または作業機〕に発展すると，労働手段に革命が起きた。生産の主体は労働者から労働手段である機械に移行した。このような生産様式の発展をマルク

スは次のように描いている。

「マニュファクチュアでは——それを全体として観察すれば——個々の労働者が，全体機構の，すなわちそれ自体が人間で構成されている機構である作業場の，生きた部分になっている。それに対して，機械制作業場（すなわち，ここで考察された，機械装置の体系にまで発展した作業場）では，人間は，彼の外に機械の形で存在する全身体の，自動的な機械装置の生きた付属物である。しかし，全体機構もやはり機械で構成されているのであって，機械が全体機構の部分になっている。ここでは人間は，単なる生きた付属品であって，意識を欠いた，しかし定常に作動する機械装置に対して意識をもった添え物なのである。」(Ebd., S.2022)

機械の充用により生産の出発点が労働者から機械に移行することによって，科学の力と自然力〔蒸気機関の場合には蒸気の熱エネルギー〕を生産過程に導入することが可能になった。同時に，これによってこれまでは剰余労働時間を搾取するために多数の労働者を雇う必要のあった資本家は，作業の多くを機械にまかせることができ，機械の作動を監視する作業を担うだけとなった労働者を少数化することができるようになったため，多数の労働者が不要となった。失業した労働者は，機械打ち壊し運動さえ起こした。このような機械制作業場での生産の状況をマルクスは次のように表現している。

「ここで〔機械の使用において〕，労働の客体的諸条件——過去の労働——が，生きた労働に対して直接的な対立の形を呈する疎外というものが，はじめて妥当するようになる。なぜなら，過去の労働が，したがって，自然諸科学や科学も含めて労働の一般的な社会的諸力が，直接に，一部は，労働者を街頭に投げ出し，余計者にするための，一部は，彼の特殊的技能とそれにもとづく諸要求を打ち砕くための，一部は，工場制度において完全に組織される資本の専制支配と軍隊的規

律の下に労働者を屈服させるための武器として現われるからである。」（Ebd., S.2057）

　この文で注目すべき点は，第1に資本が機械を充用して労働過程を資本のもとへ実質的に包摂する段階になってはじめて労働の疎外が妥当すると見なされている点である。その意味するところは，労働過程の資本への形態的包摂に属する生産形態（問屋制手工業）とマニュファクチュアにおいては技術は古い生産様式に対応したままであるのに対して，機械体系による生産においてはじめて資本主義に独自な生産様式が技術的にも確立したことである。それが労働の疎外をはじめてもたらすのは，人間〔労働者〕が機械の付属物さらには添え物に成り下がり，労働者が労働手段を使うのでなく，労働手段が労働者を使う，すなわち対象化された労働〔死んだ労働または過去の労働〕が労働者に立ち向かい，彼を支配するという事態が文字通り技術学的事実として確立したからである。次のマルクスの言葉がそれをよく表わしている。「資本主義的生産の概念に含まれているこの資本の下への人間の労働の包摂――資本による人間労働の吸収――は，ここでは，技術学的な事実として現われる」（Ebd., S.2058）。以下も同様である。「機械とともに――そして機械に基礎を置く機械制作業場とともに――生きた労働に対する過去の労働の支配は，単なる資本家と労働者との関係に表現される社会的な真実性にとどまらず，いわば技術学的な真実性を獲得するのである」（Ebd., S.2059,）。またマルクスは，前の引用文で過去の労働〔機械などの労働手段〕を「自然諸科学や科学も含めて労働の一般的な社会的諸力」と同一視しているが，もちろん機械そのものまたは機械に体現された科学と技術そのものが労働の疎外をもたらすのではなく，機械の資本主義的利用が疎外をもたらすのである。というのは，技術そのものはその歴史的社会的に規定された利用の仕方から切り離すことはできないからである[2]。

　第2に，このように機械が生産の主動因になり，労働者が生産の下位の従属的な役割に成り下がることによって，まず機械に置き換えられた

熟練労働者がはじめに不要とされ，また機械の監視という簡単な作業が労働者の主要な仕事になることによって，より安価な単純労働者（児童や女子を含む）の採用が優先され，男子労働者の比率が少なくなっていく。さらに機械による労働者の支配は技術的側面だけでなく，労働組織の側面にもおよび，労働者は工場制度における資本の専制的支配と軍事的規律の強制のもとで資本家に屈服させられる。

（iii）科学の応用と科学の自立化

こうして機械に体現された科学が生産の一要因になることによって，「もろもろの自然力〔風，水，蒸気，電気〕を大規模に直接的生産過程に従わせ，それらの自然力を社会的労働の諸動因（Agenten）に転化させる」（Ebd.）ことが可能になる。それとともに生産過程は科学の応用になる。資本への労働過程の実質的包摂にともなうこのような生産様式の変革をマルクスは次のように的確にとらえている。

> 「自然の諸動因の応用——いわば，それらの資本への合体——は，生産過程の自立した一要因としての科学の発展と重なっている。生産過程が科学の応用になるのならば，逆に，科学は生産過程の一要因に，言うなればその一機能になる。発見はそのことごとくが新しい発明の，あるいは新しい改良された生産方法の基礎になる。資本主義的生産様式がはじめて，もろもろの自然科学を直接的生産過程に役立てるのであるが，他方では逆に，生産の発展が自然の理論的征服にその手段を提供するのである。」（Ebd., S.2060）

既述のように，以前の古い生産様式——問屋制手工業やマニュファクチュア——では，生産の主動因は手労働を行なう人間にあったのに対して，機械制作業場では主動因は機械を動かす蒸気などの自然力に移行する。この移行は，マニュファクチュアの出現によって複雑な手労働が簡単な手労働の多様な種類に分化・専門化されるとともに単純化され，全体としての作業が異種の単純作業の複合に転化し，この簡単な作業の手段である道具が専門化した結果，これらの異種の道具の複合体として最

初の機械である道具機〔作業機〕が出現したことによって可能となった。そして道具機の出現は，諸道具に客体化されている技術（Technik）を体系化した技術学（Thechnologie）という科学によって可能となった。道具機の発明とその工場での利用により蒸気機関の発明が促され，工場における生産は科学を応用した機械を主因とする生産過程に転化した。しかし，労働する人間は，機械の監視という単純労働を担うだけとなり，手作業が中心であった熟練労働に必要な技能は不要となり，技能の発揮に際して複雑な手の運動を統御するという重要な働きをしていた労働者の主体的な精神的能力は労働者から奪われ〔労働者からの精神的能力の疎外〕，技術学の体系という知識に吸収・転化され，対象化された。したがって，言うまでもなく，技術学という科学は，労働者からは分離されることとなる。この点を指摘して，マルクスは次のように述べている。

　「科学の，人類の理論的進歩の徹底的な利用（Exploitation）。資本は科学を創造しないが，しかし，資本は科学を徹底的に利用し，科学を生産過程のために摂取する。同時にそれにともなって，生産に応用される科学としての科学の直接的労働からの分離〔が生じる〕。」（Ebd.）

　「科学は，労働に疎遠で労働に敵対しかつ労働を支配する能力（Potenz）として現われる。…… しかし，生産諸条件の集積と発展およびそれらの資本への転化がもっぱら剥奪に，すなわちそれらの諸条件の労働者からの分離に基づいているのとまったく同様に，この科学の応用もまた，生産過程の精神的能力の一人ひとりの労働者の学識，知識，技能からの分離に基づいているのである。」（Ebd., S.2061）

資本は科学という「人類の理論的進歩」を自然力と同様に無償で利用する。科学を生産過程に従属させ，生産に科学を応用するにしたがい，科学は機械に体現されることになるので，機械という生産手段から分離

されている労働者からは科学も疎遠になり，また科学から分離されることになる。すなわち，科学の応用の実現は，生産過程の精神的能力たる科学が個々の労働者の知識から分離されるかどうかにかかっている。しかし，それは，生産諸条件が資本に転化するかどうかが，それらの生産諸条件が労働者から剥奪されるかどうかにかかっているのと同様である。したがって，科学の労働者からの分離は，生産諸手段の労働者からの分離と同次元のものであり，同じ部類に属する事柄である。これをマルクスは次のように表現している。

「一般に，労働に対立し資本に奉仕するこの科学の自立化（*Verselbstständigung der Wissenschaft*）は，労働に対立する生産諸条件の自立化のカテゴリーに属する。この生産諸条件の分離と自立化こそ，なにはさておき，もっぱら資本のために役立つのであるが，それは同時に，科学（science）と知識がその力（Power）を発揮するための条件なのである。」(Ebd., SS.2085-6)

「生産諸条件の自立化」とは，生産諸条件が直接的生産者である労働者から分離し疎外されている事態を指すことは，これまでの議論から明らかであろう。であるならば，これと同じカテゴリーに入れるべきだとされる科学の自立化もまた労働者からの科学の分離・疎外を意味することは明らかである。これと同じ事態は『資本論』第1巻では次のように表現されている。「科学が自立的能力（Potenz）として，労働過程に合体される程度に応じて，労働過程の精神的能力を労働者から疎外する」(MEW, Bd.23, S.674)。したがって，科学の労働者からの分離は，労働過程の精神的能力の労働者からの疎外である，ということを意味するので，それが資本主義的生産における労働疎外の一側面に属することがらであり，その意味でマルクスの疎外論の重要な側面を表わしていることは明らかである。

(iv) **疎外とその止揚**

もちろん，資本主義における疎外の根幹にあるのは，第1には，労働

者から労働諸条件が分離され疎外されることであり，第2には，それに基づいて生じるのであるが，労働過程において対象化された労働〔「死んだ労働」とか「過去の労働」と呼ばれるもの，具体的にはそれ自身が労働によって生産された生産手段を指す〕が労働そのものまたは労働者にたいして対抗する力（Macht）として現われることである。この事態を「草稿」執筆時のマルクスは次のように表わしている。

「資本主義的生産は，はじめて大規模に，労働過程の諸条件を，その対象的諸条件をも主体的諸条件をも——それらははじめて個々の自立した労働者から解き放たれる——発展させるのであるが，しかしそれらの諸条件を，個々の労働者を支配する諸力として，また労働者にとって疎遠な諸力（fremde Mächte）として，発展させるのである。」（MEGA Ⅱ/3.6, S.2163）

マルクスがここで強調する点は，二つある。第1点は，資本主義的生産においては労働過程の諸条件を労働者から解き放す——分離・疎外させる——ことによって，それらの諸条件をいっそう発展させること〔疎外の肯定的側面〕，第2点は，しかし，それらの諸条件を発展させるのは，労働者にとって疎遠な諸力，個々の労働者を支配する諸力としてであること〔疎外の否定的側面〕である。すなわち，これらの2点を一つの事柄として見れば，次のようになる。すなわち，資本主義的生産は，労働諸条件を労働者から疎外し労働者に疎遠な力として労働者に対抗させるのであるが，それは労働諸条件をよりいっそう発展させるために必然的に伴う事態にほかならない。この点は，次の文におけるように，マルクスが労働諸条件の（労働者からの）疎外を資本主義的生産の発展過程であると見なしていることからも明らかである。

「ただ，これ〔商人資本〕が資本主義的生産への一つの過渡的形態であり，またそれは労働条件の疎外が資本主義的生産の発展過程であることを一つの歴史的実例に即して示している，というかぎりにおい

て，次の項目でこの点を詳述すべきである。」(Ebd., S.2156)

すなわちここでマルクスが主張したいことは，資本主義的生産は，それ自身を発展させる過程においては，労働者からの労働条件の疎外という否定的形態を必然的に取らざるをえないということ，言い換えれば，労働者の労働諸条件からの疎外をもたらす資本主義的生産は，労働条件〔機械などの労働手段〕の発展，ひいては労働の社会的生産力を発展させるために通過しなければならない歴史的に過渡的な生産形態であることである，ということである。またマルクスは，資本主義的生産の疎外の否定的側面，すなわち労働条件の労働者からの分離を労働者は不公正だと見抜くが，これは資本主義的生産様式それ自身の産物であり，資本主義が自らの存在を否定する意識を生み出すという皮肉な結果を指摘している。

「労働能力（Arbeitsvermögen）が生産物を自己自身のものだと見抜くこと，そして自己の実現の諸条件からの分離を不公正――強制関係――だと判断すること，――これは並外れた意識であり，それ自身が資本主義的生産様式の産物である。」(Ebd., S.2287)

つまり『共産党宣言』でブルジョアジーは自分自身の墓堀人をつくりだすことが指摘されたように，この一文は資本主義的生産様式それ自身が労働者自身の意識のうちに労働の疎外が不公正であるという認識を芽生えさせ，結果としてそれ自身の墓堀人を生み出すことにつながる。こうして，疎外の概念は疎外の止揚を必然だとする意識を生み出すという意味では，それの概念そのものに批判的な要素を含んでいる。この意味でも疎外は批判的な概念であると見なすべきである。

他方で，労働者からの労働諸条件の分離は，労働者が労働条件を所有できないという「所有と労働の分離」として概念化される。すなわち，労働者からの労働諸条件の疎外は，一方では無所有の労働者が存在し，他方には生産手段の所有者として資本家が存在する，という「労働と所

有との分離」の事態を表わしている。両者の分離は資本主義的生産の成立の前提である。この分離をマルクスは次のように歴史的な通過点であると考えている。

　「（シスモンディが嘆いている）こうした所有と労働の分離は，生産諸条件の所有が社会的所有に転化するための避けることのできない通り道なのである。」(Ebd., S.2145)

では，所有と労働の分離を前提とする資本主義的生産の歴史的に次の段階に到来する所有形態とはいかなるものであるのか。この点についてマルクスは次のように明らかにしている。

　「資本家は実際には，労働者たちに対立して，彼らの結合，彼らの社会的統一を代表しているにすぎない。だから，この対立的な形態がなくなれば，その結果生じるのは，労働者たちがこの生産手段を，私的諸個人としてではなく，社会的に占有している，ということである。資本主義的所有とは，ただ，生産諸条件に対する（それゆえ生産物に対する，というのは生産物はたえず生産諸条件に変わっていくのだから）労働者たちのこのような社会的所有——すなわち否定された個別的所有（Einzeleigentum）——の対立的表現でしかないのである。」(Ebd., S.2144)

つまりマルクスは，資本家がその内実においては労働者たちの社会的統一を代表しているという認識をもとに，資本主義的生産の対立的性格をなくすためには，労働者たちが生産諸条件を私的諸個人としてでなく，労働者という社会的諸個人として社会的に占有するという社会的所有が個別的所有の否定として確立されなければならないと考えている。もちろん，「個別的所有」は後の『資本論』の資本蓄積論で提起された「個人的所有（individuelle Eigentum）」を指すのではなく，ほぼ「私的所有」と同意義である。この引用文のすぐ後の箇所でマルクスは，この

社会的所有の確立によって労働者の「個人的所有」が再建される見通しを次のように述べている。

　「個々の労働者が個々人として（als *Einzelner*）生産諸条件を所有している状態が再建されるのはただ，生産力と労働の大規模段階への発展とが解体されることによってでしかないであろう。この労働に対する資本家の疎遠な所有（*fremde Eigentum*）が止揚されることができるのは，ただ，彼の所有が変革されて，自立的個別性にある個別者ではない者の所有，つまり連合した，社会的な諸個人の（des asscirten, gesellschaftlichen Individuums）所有としての姿態を取ることによってだけである。」(Ebd., S.2145)

　ここでマルクスは，『資本論』の資本蓄積論で提起した「個人的所有の再建」の概念を「個々の労働者が個々人として生産諸条件を所有している状態が再建されること」と説明し，この再建は，資本家の所有が変革されて，「連合した，社会的な諸個人の所有としての姿態を取ることによってだけ」可能であることを明らかにした。このような生産諸条件の社会的所有が実現する社会をマルクスは，「連合社会（Assoziation）」と名づけている。

　「それに対して，協業が，たとえばオーケストラで指揮者を必要とする場合のように，それが資本の諸条件の下でとる形態と，それがそうではないところで，たとえば連合社会（Assoziation）の下でとるであろう形態とは，まったく別物である。後者〔連合社会〕で〔それが必要とされるの〕は，他の労働諸機能とならぶ特殊な一機能としてであって，労働者自身の統一性を，彼らにとって疎遠な統一体として実現し，彼らの労働の搾取を，疎遠な力によって彼らに対して行われる搾取として実現する，そういう力としてではない。」(MEGA Ⅱ/3.1, S.236)

ここで「彼ら〔労働者〕にとって疎遠な統一体」とは，先の引用文から明らかのように，人格的に資本家に代表される資本である。この資本という疎遠な力が労働者に対して行なう搾取は，労働者の結合労働が彼らにとって疎遠な力としてではなく彼ら自身の力——社会的な力——として現われる連合社会においては，もはや存在しないことになる。

(v) 資本主義的生産における物象化

　資本主義的生産における物象化は，まずこの生産の歴史的な成立の仕方のうちに現われる。この生産様式の歴史的成立は，商品生産の発展と封建的生産様式の解体の結果として生まれた「二重の意味で自由な労働者」の出現と生産手段を所有する貨幣所有者による自由な労働者の労働能力の購入，およびそれによって今や資本家となった貨幣所有者の所有する作業場における労働と労働手段の新たな形態での結合とそれによる剰余価値の生産の結果であった。この剰余価値の生産は，いまや賃労働者となった直接的生産者からの剰余労働の搾取から生じる。つまり賃労働者の労働は強制労働であり，資本家の支配のもとにある。その意味で，従来の生産様式に存在した階級間の支配・従属関係は資本主義的生産様式にも存続する。ただしこの生産様式においては，支配・従属関係は直接的な人格的束縛によるものではなく，労働者と資本家との雇用契約という純粋な売買関係に媒介されている。この点の違いをマルクスは次のように表現している。

　「支配ないし従属の関係が，奴隷制，農奴制，封臣制，家父長的な従属関係に代わって現われる場合には，ただこの従属関係の形態における転化だけが生じるのである。支配ないし従属の形態はより自由なものになる。というのは，〔この場合の〕従属は，もっぱら物象的な性質のものであり，形態上は自由意志によるものであって，ただ生産過程そのものにおける労働者と資本家との間の位置に関わるにすぎないのだからである。」（MEGA II/3.6, S.2131）

　つまりマルクスが強調するように，資本家による労働者の雇用によっ

て生じる支配・従属関係はもっぱら「物象的な」な性質のものである。この関係が物象的であるというのは，それが資本家と労働者による貨幣と労働能力との自由な交換に基づいているからにほかならない。さらにマルクスがこの支配・従属関係の物象化を「形態における転化」であると見なしていることに注意されたい。ここにはマルクスが物象化を形態に関わる現象，言い換えれば，支配・従属関係という社会的関係に関わる事態と見なしていることがうかがえる[3]。

　さて，次に協業とマニュファクチュア的分業および機械的生産における物象化はどのような点に現われているのだろうか。協業と分業においては，既述のように，労働の社会的結合から生まれる労働の社会的生産力が資本の生産力として現われることが資本における物象化の一つの事態であることが明らかにされた。機械的生産における物象化についてはいまだここでは論じていない。この点を含めてマルクスが資本主義的生産様式における物象化を要約的に示した一文を見てみよう。

　「生きた労働は——資本と労働者との間の交換によって——資本に合体され，資本に属する活動として現われるから，労働過程がはじまるやいなや，社会的労働の生産諸力はすべて資本の生産諸力として現われる。それは，ちょうど，貨幣において労働の一般的な社会的形態が物の属性として現われるのと同様である。そこでいまや，社会的労働の生産力およびその生産力の特殊な諸形態は，資本の，対象化された労働の，物象的な労働諸条件——これらの諸条件が，生きた労働に対して，このような自立化した姿態として，資本家において人格化されている——の，生産諸力および諸形態として現われる。この場合もまた関係の転倒であって，われわれはすでに，貨幣制度の考察のさいに，物神崇拝をこの転倒の結果として示した。」(Ebd., S.2160)

　この一文においてマルクスは資本主義的生産様式における物象化を二つの段階においてとらえている。第1は，協業と分業における物象化である。分業と協業においては，労働は社会的に結合して新たな生産力を

創造する。しかし，生きた労働がすでに資本に合体されている以上，この社会的労働の生産力は資本の生産力として現われる。このように労働の社会的結合が生みだす生産力が資本の生産力として現われる現象を，マルクスは労働の一般的社会的形態が貨幣において金・銀という物の属性として現われることと同様の物象化による事態と見なしている。この場合には，労働の主体的諸条件——労働における社会的結合——が問題であった。この結合労働の生み出す生産力に関してはすでに詳述した。これに対して，労働の客体的条件における物象化はいかなるものか。マルクスはそれを「労働の物象的な諸条件」と表わし，さらに「対象化された労働」とも呼んでいる。前者は具体的には機械などの労働手段と原料などを指すが，それが「対象化された労働」と言われるのは，それら自体が労働者の生産物だからである。また「対象化された労働」は労働そのものが「生きた労働」と呼ばれるのに対応して「死んだ労働」と言い換えられ，労働そのものが「現在の労働」と呼ばれるのに応じて「過去の労働」と呼ばれる場合がある。いずれにせよ，労働の物象的諸条件は，労働の生産物であるから当然ながら資本に属する。ところで，「疎外」とは労働の生産物〔機械などの労働手段や原料〕が労働者または労働そのものに対して自立した疎遠な力として対抗してくる現象を表わしているが，その理由は労働の生産物としての労働の対象的諸条件が資本に属し，資本が労働に対抗し，労働を支配するからにほかならない。したがって，資本主義的生産様式における疎外は，資本による労働の支配を主体としての労働に対する客体としての「対象化された労働」または「死んだ労働」の支配としてとらえた現象にほかならない。それに対し，「物象化」とは資本による労働の支配を物象〔機械等の労働手段〕の人格化および人格〔労働者〕の物象化としてとらえた現象である。

　こうした意味で疎外が資本と労働の支配・従属関係をその実体ないしは内容〔＝労働〕の面からとらえる見方であるのに対し，物象化はこの支配・従属関係をその形態〔＝資本形態〕の面からとらえる視角である。マルクスはこの点を次のように表現している。

「すでにこの関係〔労働者と生産手段の関係〕は，その単純性において，ひとつの転倒，すなわち物象の人格化であり，人格の物象化である。というのは，この形態を以前のすべての形態から区別するのは，資本家がなんらかの人格的資格で労働者を支配することではなく，彼が"資本"であるかぎりにおいてのみ，こうした支配が〔生じる〕ということだからである。資本家の支配は，生きた労働に対する対象化された労働の支配，労働者自身に対する労働の生産物の支配にすぎないのである。」(Ebd., S.2161)

ここで「物象の人格化」と言われているのは，資本家による労働者の支配が労働の物象的諸条件の労働に対する支配として現われ，それによって物象が客体であり，労働は主体であるという本来の関係が転倒して，物象が主体となることを「物象の人格化」と表現したからである。そしてこの同じ関係において物象が主体となれば，労働は客体となるので，労働の客体化，すなわち労働が主体としての物象へ従属することが「人格の物象化」と言われるのである。そして資本家による労働者の支配は，人格的な支配・従属関係ではなく，生産における資本家と労働者の位置，すなわち資本家が資本を代表し，労働者が労働を代表するという位置関係に由来するのである。したがって生産における資本家の支配は，生産過程が労働を抜きには存在しえない以上，「生きた労働に対する対象化された労働の支配，労働者自身に対する労働の生産物の支配」に，すなわち「労働の疎外」に還元されるのである。

以上を要約すれば，物象化論は資本の労働に対する支配をその形態としての資本の面から見る視角であり，疎外論は資本の労働に対する支配をその実体・内容としての労働の面からとらえる見方である。物象化論と疎外論の違いはその他にもあるが，「草稿」の議論に関する限り，以上のようにまとめることができるだろう。

注
（1）『経哲草稿』では次のように述べられている。「国民経済的状態の中では，労

働のこの実現が労働者の現実性剥奪として現われ，対象化が対象の喪失および対象への隷属として，〔対象の〕領有（Aneignung）が疎外として，外化として現われる。」(MEGA Ⅰ/2, S.236)

（2）レーニンが20世紀初頭におけるアメリカ資本主義の生産様式の主要形態であるテイラー方式やフォード主義を批判しながらも社会主義的生産に採り入れようと試みて失敗したのは，このような技術とその歴史的な利用形態の不分離の結合という事実を無視した結果であると言ってよいであろう。

（3）マルクスにおいて，形態が商品と貨幣を指すことに関しては，次の文を参照。「単純な流通においては，商品の価値は，その使用価値に対してせいぜい貨幣という自立的形態を受け取るにすぎないが，この場合には〔＝資本の場合には〕その価値が突然に，過程を進みつつある，みずから運動しつつある実体として現われるのであって，この実体にとっては，商品および貨幣は二つの単なる形態にすぎない。」(MEW Bd. 23, S.169)

第6章 『資本論』の物象化論と疎外論

第1節 概　説

　資本は，差し当たっては，その要素形態である諸商品の巨大な集積として現われるので，『資本論』は商品の分析から始まる。商品は使用価値と交換価値の統一であるが，交換価値は商品に内在する価値の現象形態である。そして価値の実体は人間の生理的な力の支出としての抽象的人間労働である。商品を生産する者，すなわち商品生産者は互いに独立して存在し，人格的存在としては直接に関係を結ぶことはできず，その生産物を相互に交換することによって社会的関係を取り結ぶ。すなわち彼らの諸関係は，彼らの労働がその実体をなす価値を内在させている諸商品の交換関係として実現する。したがって，商品においては，生産者の社会的関係は彼らの直接的な社会関係として現われるのではなく，それは間接的に交換における諸商品の社会的関係として現象する。すなわち商品においては，人格と人格との関係は商品という物象と物象との社会的関係に媒介されて現われる。この事態が商品における物象化である。商品における物象化においては，価値という商品の社会的性質が生産物の物的属性と癒着しており，あたかも商品という物が価値という社会的性質を有しているかのような外観を呈する。これが物化である。このような外観に惑わされて，商品が個々人を超越した何か神秘的な性質を有しているかのように思い込むのが物神崇拝である。これは宗教において人間が個々人を超越した神を見るのと同様の現象である。ここには主体である人間が客体である生産物に支配される転倒現象が存在する。これは物象化に固有の現象である。

　さらに，商品生産が発展するにつれて，諸商品を代表する一般的等価物として貨幣が出現する。貨幣は諸商品の交換を媒介する一商品であ

る。すなわち各人は貨幣によってあらゆる商品を自己のもとする，すなわち領有することができる。すなわち，貨幣は諸商品どうしの関係が一つの物象として自立化したものであり，そういう意味で貨幣は商品生産関係の物象化であると言える。さらに国際貿易においては，貨幣ではなく直接に貨幣の素材である金と銀という物そのものが交換手段として貨幣の役割を果たした。これは重金主義において典型的に現われる。ここにいたって，商品生産関係は物として現われるので，それは物象化というより物化と呼んだ方がよい。貨幣における物象化においてもそれに固有な転倒が起きる。すなわち，人々は様々な生活手段を獲得するために貨幣を利用するが，この過程で貨幣そのものが富の代表物とみなされ，それによって人は貨幣の蓄積それ自体を追求するようになる。つまりはじめは生活必需品の入手のための手段であったにすぎない貨幣が，今度は富そのものを追い求める人々の目的となってしまう。つまり手段が目的と化すのである。この事態は蓄蔵貨幣において象徴的に現われる。そしてさらに，富の蓄積の欲求は富の自己増大すなわち増殖の欲求に必然的に発展する。また論理的にも貨幣の発展形態は自己増殖する価値，すなわち資本でなければならない。したがって貨幣は必然的に資本に転化する。

　貨幣が資本に転化するためには，商品生産が社会の剰余生産物をとらえるだけでなく，生活必需品を含む社会の全生産物を商品として生産する生産関係が築かれなければならない。つまり商品生産が全面化・普遍化し，商品生産が社会の支配的な生産形態にならなければならない[1]。そのためには生産の3要素である労働そのもの，労働手段および労働対象が商品化されなければならない。ただし労働そのものは物象ではないので，労働の源泉である労働力という物象を商品化する必要がある。労働力は労働者の所有物であるが，その労働者が労働手段と労働対象〔合わせて生産手段〕を所有していれば，彼は労働力を売る必要はなくなるので，労働力しか所有していない労働者，すなわち生産手段を所有していない無所有の労働者が存在しなければならない。つまり無所有な労働者が存在することにより，生産の3要素はすべて物象となり，つまり商

品化が可能となり，社会の全生産は商品生産となる。これによって物象化は社会の全体におよぶ。

　しかし，無所有の労働者が出現するためには，労働者の土地からの分離という歴史的条件が必要である。つまり商品生産が全面化し，資本主義的生産様式が成立するためには，土地と直接的生産者〔具体的には農奴〕が癒着していた封建的生産関係と道具を使用する親方・職人からなる同職組合〔ツンフト〕ならびに独立小農民層が解体・消滅しなければならなかった。この過程を推進・促進したのが資本の本源的蓄積である。これによって直接的生産者は土地を主とする生産手段——労働の対象的諸条件——を強制的に奪われ，労働者は労働の対象的諸条件から分離〔マルクスはこれを「疎外」とも言う〕された。したがって，この疎外によって「二重の意味で自由な労働者」が市場に現われ，彼らの労働力を貨幣所有者が購入し，さらに生産手段を彼らの労働力と結合して工場で自らの指揮のもとで生産を組織した貨幣所有者は資本家となり，そこで労働者の剰余労働を搾取して，剰余価値を取得し利潤をあげる。したがって，このような商品生産の全面化は労働力の商品化によって可能となったが，この商品生産の普遍化は，労働条件からの労働の疎外とそれによって生じた物象としての労働力の存在，すなわち物象化とが結合して作用した結果である。すなわち資本主義的生産様式の成立は疎外と物象化の結合の結果にほかならない。

　さらに疎外と物象化は資本の生産過程そのものにおいても存在する。特に相対的剰余価値の生産において新たに出現した資本主義に固有の生産様式であるマニュファクチュアと機械制大工業において両者は同一の事態の二つの側面として存在する。まず物象化が次の二つの側面で現われる。第1は主体的側面においてである。すなわち，マニュファクチュアにおいてはじめて労働は社会的形態を獲得し，それによって社会的労働に独自の生産力を生み出すが，それは個々の労働者のものではなく，むしろ資本の生産力として現われる。第2は客体的側面においてである。すなわち，機械制大工業においては，機械が労働手段として大規模に導入され，労働者は技術的にも機械に従属し，労働者が労働手段に使

われるという主客の転倒という物象化に固有の現象が現われる。ただしこれはもともと労働手段から労働者が疎外されていた結果である。つまり物象化の第2の側面は，また疎外でもある。疎外はさらに次の事態にも現われる。機械の採用とともに科学と自然力を資本家が無償で利用することが可能となり，これらは労働の社会的生産力に含まれ，個々の労働者からは疎外され，資本に合体される。また科学が機械に体現されたが，それは反面から見れば，労働者の労働が抽象的な単純作業に転化し，熟練労働者に存在した精神的能力の疎外をもたらした。そして全体として，「生きた労働」が生みだした「死んだ労働（対象化された労働＝生産手段）」が労働（者）に疎遠な力として対抗してくるという労働の疎外が価値の増殖を目的にした労働過程において発生する。この疎外は，別の見方からすれば，物象としての生産手段が能動的な主体と化して，労働という主体が受動的な客体に転化し物象と化す物象化の事態を表わしている。すなわち，疎外と物象化は，資本による労働者の支配を，一方〔疎外〕は労働過程という資本主義的生産の内容の面から，他方〔物象化〕は価値増殖過程という資本主義的生産の形態の面からとらえたものにほかならない。

　物象化はさらに，利子生み資本において一層の発展を遂げる。すなわち，生産過程と流通過程とを経ずに価値が価値を生む〔自己増殖する〕利子生み資本において，物象化は完成する。というのは，利子生み資本において，すなわち「G-G′においてわれわれが見出すのは，資本の没概念的形態，生産諸関係の最高度の転倒と物象化である」（MEW, Bd.25, S.405）からである。

第2節　商品論における物象化論

　商品論における物象化論は，第1章・第4節「商品の物神的性格とその秘密」において集中的に現われる。しかも物象化に関する定式化された叙述は，資本論全体を見てもこの箇所しか存在しない。しかし，物象化は，貨幣にも資本にも存在する。この点は『資本論』初版における次

の言葉からも明らかである。

> 「この〔ブルジョア的〕生産様式を社会的な生産様式の永久的な自然形態と見誤るならば，必然的に，価値形態の，したがって商品形態の，さらに発展しては貨幣形態や資本形態等々の，独自なものをも，見落とすことになる。」(MEGA Ⅱ /5, S.44)

というのは，資本主義的生産様式が社会的な生産様式の永久的な自然形態であると見誤られるのは，この生産関係が必然的に資本の素材的要素である生産手段に物象化されて現われるという独自性を有しており，このように物象化されるならば，資本主義的生産関係は素材的な諸要素間の関係とみなされ，したがってそのようなものとしてはこの生産関係は非歴史的で永久的，自然的な生産関係と見誤られるからである。すなわち，日常的な意識または俗流経済学者らにとっては，資本主義的生産関係は物象化した外観そのままのものとして現われ，その本質が，つまりそれが資本家と労働者の関係，つまり生産における人間対人間の関係であることが彼らには見抜けないのである。このように物象化は，資本主義的生産様式または生産関係がその本質においては生産における人間と人間との関係，すなわち階級的な関係であることを蔽い隠す性質をもっているのである。同じ『資本論』初版における次の言葉がそれを雄弁に語っている。

> 「最後に価値形態に関していえば，この形態こそはまさに私的労働者たちの社会的な諸関連を，したがって，私的労働の社会的諸規定を，あらわにするのではなくて，物象的に蔽い隠している。」(Ebd., S.47)

すなわち，商品の価値形態は商品の交換関係と等値関係にのみ着目するあまり，商品価値の実体である私的労働の社会的諸関連を見えなくし，逆に物象的に蔽い隠す役割を果たしている。これと同じことは，貨

幣や資本にも当然当てはまる。貨幣は商品生産関係における私的労働者たちの生産関係を，資本は直接的生産関係における資本家階級と労働者階級の敵対的関係を蔽い隠しているのである。

さて，商品の物神的性格とは何か，またその秘密とは何か，という問題に入ろう。マルクスは商品の物神的性格を神秘的性格とも呼んでいるが，また次のように「謎的性格」とも言い，その秘密を私的生産者たちの社会的諸関係が彼らの生産物どうしの社会的関係として現われることに求めている。

「それでは労働生産物が商品形態をとるやいなや生じる労働生産物の謎的性格は，どこから生じるのか？明らかに，この形態そのものからである。人間労働の同等性は，労働生産物の同等な価値対象性という物象的形態を受け取り，その継続時間による人間の労働力の支出の尺度は，労働生産物の価値の大きさという形態を受け取り，最後に，生産者たちの労働のあの社会的諸規定がそのなかで実証される彼らの諸関係は，労働生産物の社会的諸関係という形態を受けとるのである。」（MEW Bd.23, S.86）

まずマルクスは商品の規定から論じるのではなく，労働生産物を問題にし，その謎的性格がその商品形態そのものにあるとしている[2]。そして商品形態そのものとは，「労働生産物の同等な価値対象性という物象的形態」であるという。すなわち，マルクスによれば，ここでは労働生産物の謎的性格は，労働生産物という対象的存在に価値が体化されているというその物象的形態にあるという。したがってここでは，労働生産物の謎的性格は，それに価値が体化されて生じる価値対象性という物象的形態に存する。ここで価値とは人間労働の同等性に基づいて私的労働の社会的関係が対象化されたものであり，労働生産物に体化している価値において私的労働の社会的性格が物象化されている。すなわち，労働生産物の謎的性格とは，労働生産物のうちに労働生産物の生産者どうしの社会的諸関係が価値として物象化されていることにある。ここに商

品における物象化の本質が言い表わされている。

次にマルクスは労働生産物の「謎的性格」を「商品の神秘に満ちた性質＝商品の神秘性」と言い直して，それが以下の点にあると述べる。

「商品形態の神秘に満ちた性質は，単純に次のことにある。すなわち，商品形態は，人間にたいして，人間自身の労働の社会的性格を労働生産物そのものの対象的性格として，これらの物（Dinge）の社会的自然属性として反映させ，それゆえまた，総労働にたいする生産者たちの社会的関係をも，彼らの外部に存在する諸対象の社会的関係として反映させるということにある。この取り違い（Quidproquo）によって，労働生産物は商品に，すなわち，感性的でありながら超感性的な物，または社会的な物になる。」(Ebd.)

この一文は，前の引用文で挙げられた「商品形態」という言葉の意味を「人間自身の労働の社会的性格が労働生産物の社会的自然属性として反映されたもの」と説明しているが，ここにいう「社会的自然属性」とは，物の自然属性に付着した人間労働の社会的性格であり，社会的なものが物に体化していることを表わしており，その意味では物象化ではなく物化であると言った方がよいだろう。さらに，この「取り違い」とは社会的性格が対象的性格に取り違えられていることを指すと思われるので，この一文は社会的関係の物化を説明した文と言えよう（ただし「社会的な物としての商品」は物ではなく物象である）。そして次の引用文から分かるように，商品の物神性はこの物化概念から導出されている。

「ここで人間にとって物と物との関係という幻影的形態をとるのは，人間そのものの一定の社会的関係にほかならない。それゆえ，類例を見いだすためには，われわれは宗教的世界の夢幻境に逃げ込まなければならない。ここでは，人間の頭脳の産物が，それ自身の生命を与えられて，相互のあいだでも人間とのあいだでも関係を結ぶ自立的姿態のように見える。商品世界では人間の手の生産物がそう見える。これ

を，私は物神崇拝（Fetischismus）と名づけるが，それ〔＝ Fetischismus〕は，労働生産物が商品として生産されるやいなや労働生産物に付着し，それゆえ，商品生産と不可分である〔したがって，Fetischismus はこの意味では客観的な現象であるので「物神性」とも訳すべきである─筆者〕。

商品世界の物神的性格（Fetischcharakter）は，これまでの分析がすでに示したように，商品を生産する労働の固有な社会的性格から生じる。」（Ebd., S.86-7）

要するに，人間の社会的関係が物と物との関係として反映されることによってその社会的関係は幻影的な形態を取るが，それは宗教的世界において人間の頭脳の産物が自立的姿態を取って現われる夢幻境の世界で起きることに似ており，したがって物のうちに神を見るフェティッシュな世界に固有な神秘的な現象であるということであろう。

これまで三つの文を引用してきたが，これらはマルクスの叙述の順序を辿ったものである。つまりマルクスは，商品の謎的な性格の指摘で「物象化」の概念を，その神秘性の指摘で「物化」の概念を提起し，最後に商品の「物神性」ないしは「物神崇拝」を「物化」の概念から導き出しているのである。なおこれらの三つの概念の区別と関連については，第7章で詳論する。

このようにマルクスは，「物象化」，「物化」および「物神性」の概念を区別して用いるにしても，商品に特有な現象としては「物象化」を基本的とみなしている。以下がそれを示している。

「それゆえ，生産者たちにとっては，彼らの私的諸労働の社会的諸関連は，そのあるがままのものとして，すなわち，人格と人格とが彼らの労働そのものにおいて結ぶ直接的に社会的な諸関係としてではなく，むしろ，人格と人格との物象的諸関係および物と物との社会的諸関係として現われるのである。」（Ebd., S.87）

「物象（Sache）」は，「物（Ding）」に比べて，より抽象的な「事柄」という意味が強いが，つねに「人格（Person）」に対して用いられており，所有に関連する法律用語としては「物件」を意味している。Sacheを経済的な事象を表わす意味で「物象」と訳したのは廣松渉である。一部には「物件」の訳語を採用すべきという意見もあり[3]，筆者もそう考えるが，すでに辞典等ではこの訳語が項目として掲載されているという事情もあり，本書ではSacheにたいしてはこの訳語を採用する。

　さて，この一文ではじめてマルクスは，労働における人格と人格の社会的関係が直接的に現われないで，物象と物象との社会的関係に媒介されて現われることを明らかにした。われわれはこれを物象化（Versachlichung）と呼んでいるが，マルクス自身も『資本論』第1巻と第3巻でこの用語を用いている。すなわち，一つは「物象の人格化（Personifizierung der Sache）」と対比された「人格の物象化（Versachlichung der Personen）」（MEW Bd.23, S.128）であり，他は「生産諸関係の物象化（Versachlichung der Produktionsverhältnisse）」（MEW Bd.25, S.838）である。ただし，商品における私的生産者どうしの関係はまだ生産関係と呼べるものではなく，マルクスはそれを単に社会的諸関係と呼んでいる。だからこの現象を表わす言葉として適切なのは「社会的諸関係の物化（Verdinglichung der gesellschaftliche Verhältnisse）」であり，マルクスもこの用語を確かに用いている（Vgl. ebd.）。このあたりのマルクスの用語法には十分注意する必要があると言えよう。ここではとにかく「物象化」と呼ばれるべき現象が商品において現われていること，そしてマルクスがそのような現象をすでに引用した言葉で定式化していることが確認されればよい。

　この節の最後に指摘すべき点は，商品における物象化の現象とその秘密が科学的に暴かれたとしても，それによって物象化は意識から取り除かれるのではなく，現実に存在し続けるということである。この点をマルクスは次のような言葉で表わしている。

　「労働生産物は，それが価値であるかぎり，その生産に支出された

人間労働の単なる物象的表現にすぎないという後代の科学的発見は，人類の発展史において一時代を画するものではあるが，労働の社会的性格の対象的外観を決して払いのけはしない。」(MEW Bd.23, S.88)

　この一文から分かるように，物象化によって私的生産者の社会的諸関係が，商品における自然属性に付着して現われて，物と物との関係として幻影的に現われるのは，決して意識における現象ではなく，客観的な性質をもつ現実的事態である。この事態を意識における倒錯現象〔錯視または錯認〕と見なす廣松渉の見解は，この点からも支持しがたい[4]。

第3節　貨幣論における物象化論

　貨幣の物象的性格は，すでに商品章で指摘されている。すなわちマルクスは，諸商品が価値性格をもつことが確定されるのは諸商品に共通な貨幣表現が見出されることによって可能となる，と指摘した後に次のように述べている。

　　「商品世界のまさにこの完成形態——貨幣形態——こそは，私的諸労働の社会的性格，それゆえ私的労働者たちの社会的諸関係を，あらわに示さず，かえって，物象的に蔽い隠すのである。」(Ebd., S., 90)

　つまり例えば，リンネルと上着の交換においては私的生産者が他の私的生産者と関係しあっているのだといえば，この倒錯した関係のばかばかしさはすぐに見抜ける。しかし，この私的生産者どうしの関係がリンネルの貨幣に対する関係に現われるとされると，この関係のばかばかしさは容易に見抜けなくなる。このように生産者どうしの社会的諸関係が存在するにもかかわらず，それが貨幣等々の物象的形態で隠されて現われるのである。このような諸形態こそが「ブルジョア経済学のカテゴリー」をなしている。これらの形態は歴史的に規定された一定の生産諸関係の妥当な思考諸形態であり，それらは商品世界の神秘化を生み出す

が，この神秘化は商品生産が廃止された別の生産形態においてはじめて消滅する（Vgl., Ebd.）。

ところでマルクスによれば，次のように商品の貨幣への発展は必然的であるという。

「価値が，商品世界の多種多様な身体から区別されて，没概念的で物象的な，しかし，まったく社会的でもあるこの形態〔＝貨幣形態〕に達するまで発展し続けるということは，必然的である。」（Ebd., S.116）

というのは，商品生産の発生の背後に存在した社会的分業がさらに発展せざるをえないからである。そしてそれに伴い，諸人格はアトムのように独立化し，それによって彼らの諸関係は，人格と人格との直接的な諸関係としてではなく，彼らの生産する生産物の間の等値関係によって成立する商品間の交換関係として発展せざるをえない。それは商品という物象と物象との社会的諸関係である。この関係がさらに発展して貨幣という物象を媒介とした商品どうしの諸関係が成立する。ここに貨幣は多様な諸商品から自立化して他の商品と対立する存在を獲得し，この貨幣形態において商品生産関係が物象化される。このような貨幣形態が出現する必然性を，マルクスは，次のように，社会的分業の発展とそれに伴う諸人格の物象的依存関係の発展に求めている。

「彼ら〔商品所有者たち〕を独立の私的生産者にするその同じ分業が，社会的生産過程とこの過程における彼らの諸関係とを彼ら自身から独立のものとすること，諸人格相互の独立性が全面的な物象的依存の体制によって補完されていること，を商品所有者は見いだす。」（Ebd., S.122）

ここで指摘された物象的依存の体制は，『要綱』の貨幣章で展開された人類史の3段階把握の第2段階で成立する「ゲゼルシャフト」であ

る。したがって，ゲゼルシャフトは貨幣関係が支配する生産形態を基礎とする社会である。他方で，直接的生産者が土地を所有するかいなかによって3段階に区分する人類史の3段階把握が存在する。それによると，人類史の第2段階は労働と所有との分離に基づく社会形態である。この社会形態がゲゼルシャフトと結合すると，はじめて商品生産が社会の全面を支配する生産形態が出現する。この生産形態が資本主義的生産様式である。

最後にマルクスは，貨幣において成立し，単純流通を実現することを固有の機能とする商品生産において様々な対立が存在することを指摘する。

「商品に内在的な対立，すなわち使用価値と価値との対立，私的労働が同時に直接に社会的労働として現われなければならないという対立，特殊的具体的労働が同時にただ抽象的一般的労働としてのみ通用するという対立，物象の人格化（Personifizierung der Sache）と人格の物象化（Versachlichung der Personen）との対立──この内在的な矛盾は，商品変態上の諸対立においてそれの発展した運動諸形態を受けとる。」(Ebd., S.128)

ここで「物象の人格化」と呼ばれるものには，二つの意味がある。一つは，個々の商品はそれの生産者のうちにその人格的存在を有することである。他方では，商品という物象がその生産者である人格的主体に対してその人格を支配するように能動的な主体と化すこと，すなわち物象と人格の主体─客体関係が逆転・転倒して，本来は客体である物象が主体化すなわち人格化することを意味する。これに呼応して，「人格の物象化」にも二つの意味がある。一つは，人格である商品生産者は商品市場においては直接的に現われず，物象である商品に代表される。他方では，本来は客体である物象が物象化的転倒とともに主体化すなわち人格化し，本来の主体である商品生産者という人格が受動的な客体と化し物象となることを意味する。商品においてこの「物象の人格化」と「人格

の物象化」が対立するとは，これらの見たところ反対の現象が商品において同一の事態の二つの側面として同時に発生することを指す。要するに，商品生産関係は，「物象の人格化」と「人格の物象化」という対立物の統一なのである。

第4節　資本の理論における物象化論と疎外論

（1）貨幣の資本への転化

　貨幣は単純流通の媒介者であり，そのようなものとしては，流通の図式は W-G-W である。貨幣が商品から自立化し，独自の運動をするようになると，貨幣の蓄積が自己目的化し，流通の運動は「買うために売る」から「売るために買う」という流れに変わり，流通の図式も G-W-G に変化する。しかしこの図式は G で始まって G で終わるという無意味なものであり，論理的・発生史的発展の必然性として G-W-G+ΔG に，すなわち G-W-G′ に転化しなければならない。ここにおいて貨幣は資本へ転化せざるをえない。

　このように貨幣の価値が自己増殖するためには，中間項の W〔商品〕が価値を増殖するという使用価値をもつものでなければならない。価値を形成するのは人間労働であるから，労働そのものが商品となる必要があるが，労働そのものは運動または過程であり，物象ではないから商品ではない。人間が所有する物象として労働の源泉となるのは人間の労働力である。そして労働力が物であることをマルクスは次のような言葉で言い表している。

　　「人間そのものも，労働力の単なる現存在として考察すれば一つの自然対象であり，たとえ生きた自己意識をもった物であるとしても，一つの物（ein Ding）なのであって，労働そのものは，この労働力の物的発現（dingliche Äußerung）なのである。」(Ebd., S.217)

そこで貨幣所有者が労働力を商品として労働者から購入し，貨幣所有者が所有する生産手段と労働者の労働を結合させれば，労働過程が成立し，労働力を再生産するために必要な生活必需品の価値より多くの価値を創造するまで労働時間を延長すれば，労働力と生産手段の購入に要した価値を上回る価値〔剰余価値〕を貨幣所有者は取得できる。こうして増殖する価値は資本と呼ばれ，貨幣所有者は資本家となる。このような資本家の生成をマルクスは次のように要約する。

「そして抽象的富をますます多く獲得すること（Aneignung）が彼〔貨幣所有者〕の操作の唯一の推進的動機であるかぎりにおいてのみ，彼は資本家として，または人格化された──意志と意識とを与えられた──資本として，機能するのである。」（Ebd., SS.167-8）

抽象的富とは価値であり典型的な具体的形態では貨幣であるが，そういう富を多く獲得するには増加分の価値〔＝剰余価値〕を貨幣所有者は創造・取得しなければならない。そのために必要なことは，まず市場に労働力しか持たない自由な労働者を見いだすことである。また貨幣所有者は貨幣を蓄積しているだけでは資本家になれない。マルクスはこのような資本の生成のための必要条件を次のように提示している。

「経験によれば，これらのすべての形態〔支払手段，蓄蔵貨幣，世界貨幣という貨幣形態〕が形成されるためには，商品流通の比較的わずかな発達で十分である。資本については事情が異なる。資本の歴史的な存在諸条件は，商品流通および貨幣流通とともに現存するものでは決してない。資本は，生産諸手段および生活諸手段の所有者が，みずからの労働力の売り手としての自由な労働者を市場に見いだす場合にのみ発生するのであり，そして，この歴史的条件は一つの世界史を包括する。それゆえ，資本は，はじめから社会的生産過程の一時代を告示する。」（Ebd., S 184）

第6章 『資本論』の物象化論と疎外論

この一文にマルクスは次の文を注として付け加えている。

「したがって，資本主義時代を特徴づけるものは，労働力が労働者自身にとっては彼に属する商品という形態を受け取り，それゆえ彼の労働が賃労働という形態を受け取る，ということである。他面ではこの瞬間からはじめて労働生産物の商品形態が一般化される。」(Ebd.)

このように資本の成立の歴史的条件は世界史的な規模のものであり，世界史の一時代を画するものである。したがって，自由な労働者も全社会的な規模で市場に見いだされなければならない。この自由な労働者を，マルクスは次のように「二重の意味で自由な労働者」と呼んでいる。

「自由な，と言うのは，自由な人格として自分の労働力を自由に処分するという意味で自由な，他面では，売るべき他の商品をもっておらず，自分の労働力の実現のために必要ないっさいの物象から解き放されて自由であるという意味で自由な，この二重の意味においてである。」(Ebd., S.183)

この「自分の労働力の実現のために必要ないっさいの物象」とはいわゆる生産手段のことである。生産手段から自由であるとは，それを所有していないということであり，したがって，「二重の意味で自由な労働者」とは，人格的束縛から自由であるだけでなく，生産手段から自由でもある，すなわちそれらを所有していない無所有な労働者のことを言う。

第1の自由は，商品生産の発達による封建的生産関係の崩壊の結果としての人格的従属関係の解体から生じた。このような封建的生産関係は人格的依存関係に基づいており，その解体はいわゆるゲゼルシャフトの生成とそれによる物象的依存関係の出現をもたらす。すなわちそれには物象化が作用しているわけである。第2の自由は，封建的生産様式の解

体による直接的生産者〔主に農奴と職人〕の生産手段からの分離から発生した。この生産手段からの直接的生産者の分離をマルクスは「生産者からの生産諸条件のこうした疎外」（MEGA Ⅱ/4.2, S.649, MEW Bd.25, S.610）と呼び，疎外と見なしている。したがって，資本主義の成立に必要な歴史的条件である「二重の意味での労働者」の発生は，物象化と疎外の同時的作用の結果であるとみなしてよいだろう。これが物象化と疎外の関連の第１点である。

（２）絶対的剰余価値の生産

　剰余価値は，絶対的剰余価値と相対的剰余価値に分けられる。絶対的剰余価値とは，伝来の生産様式〔たとえば手工業〕をそのまま採用し，労働時間を延長するか，労働の強度を上げるかして得られる剰余価値であり，剰余労働時間の絶対的延長をその主な手段とする。この段階〔論理的かつ歴史的段階〕においては，生産手段が資本家の所有物として労働者に対抗してきて，本来は労働者が生産手段を使うのであるにもかかわらず，労働過程が価値増殖過程の手段として行われる資本主義的生産においては，生産手段が労働者を使用するという転倒現象が発生する。この事態をマルクスは次のように描いている。

　　「生産過程を価値増殖過程の見地から考察するやいなや，事情は別になる。生産手段は直ちに他人労働の吸収のための手段に転化した。もはや労働者が生産手段を使うのではなくて，生産手段が労働者を使用するのである。」（Ebd., SS.328-9）

　このような主体〔労働者〕と客体〔生産手段〕との本来の関係の転倒は，言い換えれば，人格としての労働者と物象としての労働手段の関係の転倒であり，この転倒は物象である生産手段が人格である労働者を使う主体に転化〔主体化〕し，人格である労働者が客体化〔物象化〕することを意味する。すなわちこの転倒は，「物象の人格化」であり「人格の物象化」であると見なすべきである。このような意味で，資本主義的

生産における労働者と生産手段の本来の関係の転倒は，資本における物象化の発展の帰結である。

他方で見方を変えれば，生産手段は，資本主義的生産が自立化すれば，それ自体が労働の生産物であり，「対象化された労働」または「死んだ労働」〔労働そのものを「生きた労働」と呼ぶのに対して〕であると言ってよい。マルクスはこのような労働の視点から資本主義的生産過程を考察して次のように述べている。

「貨幣の，生産過程の対象的諸要因すなわち生産諸手段への単なる転化が，生産諸手段を，他人の労働および剰余労働に対する法律的権原および強制的権原に転化させる。資本主義的生産に固有であってそれを特徴づけているこの転倒，実にこの死んだ労働と生きた労働との，価値と価値創造力との関係の逆転が，どのように資本家たちの意識に反映するかを，最後になお一つの例で示しておこう。」(Ebd., S.329)

この「死んだ労働と生きた労働との関係の逆転」とは，労働〔生きた労働〕が生産手段〔死んだ労働〕を使用するのが本来の関係であるが，これが逆転されて，生産手段が労働を使用する関係に転化することである。この場合，「死んだ労働」とは「対象化された労働」すなわち労働の産物，成果であるが，労働の産物が労働を使うとは，労働がその作り出した物に支配されることである。それは労働の成果が労働そのものに対抗してくることであり，その意味では労働の疎外の典型的な現象である。労働の成果としての「死んだ労働」が「生きた労働」を支配するようになるには，「死んだ労働」が「生きた労働」から疎外されていなければならないが，もともと生産手段が労働から疎外されていることが資本主義的生産の前提であり，しかもこの疎外は資本主義的生産の繰り返しによって再生産される。したがって「死んだ労働」による「生きた労働」の支配〔物象化〕は，前者〔死んだ労働〕の後者〔生きた労働〕からの疎外に基づいていると言えるだろう。ただし絶対的剰余価値の生産

においては，生産手段〔死んだ労働〕による労働そのもの〔生きた労働〕ないしは労働者の支配は，いまだ労働過程の技術的性格によるものではなく，マルクスの言うように，生産手段がもつ「他人〔労働者〕の労働および剰余価値に対する法律的権原および強制的権原」，すなわち生産手段が資本家の所有物であること，に基づいているのである。このように絶対的剰余価値を生産する資本主義的生産における「死んだ労働（生産諸手段）」による「生きた労働（労働そのもの）」の支配という主客の転倒は，価値増殖過程という資本主義的生産の形態面から見れば，物象化であるが，労働過程という資本主義的生産の内容面から見れば，疎外であると言えよう。これが物象化と疎外の関連の第2点である。価値増殖過程と労働過程をこのように資本主義的生産過程の形態と内容と見なすことの妥当性については，次のマルクスの言葉を参照されたい。

「価値増殖過程は，実際には，一定の社会的形態における労働過程——あるいは労働過程の一定の社会的形態——にほかならず，〔この二つの過程は〕二つの別々の現実的過程などではなくて，一つはその内容から，もう一つはその形態から考察した，同一の過程なのである」（MEGA Ⅱ/3, S.124）。

この文の言わんとすることが，資本主義的生産過程の内容的側面が労働過程であり，その形態的側面が価値増殖過程であることにあることは，文脈からも明らかであるが，商品と貨幣を形態と見なした次の文からも先の解釈が正しいことが分かる。

「単純な流通においては，商品の価値は，その使用価値に対してせいぜい貨幣という自立的形態を受け取るにすぎないとすれば，この場合には〔資本の場合には〕その価値が突然に，過程を進みつつある，みずから運動しつつある実体として現われるのであって，この実体にとっては，商品および貨幣は二つの単なる形態にすぎない。」（MEW Bd.23, S.169）

資本は商品および貨幣から発展してきたものであり，貨幣関係が既存の労働過程を自己のもとにまず形態的に包摂することによって，貨幣は資本となった。資本が貨幣から受け継いだものは形態〔それはより概念的に言えば，経済的形態規定であり，その実体は社会的諸関係である〕であって，それは資本主義的生産過程の二つの側面のうち，価値増殖過程に受け継がれている。したがって，上の引用文からしても，資本主義的生産過程の形態的側面が価値増殖過程であることは明らかであろう。したがって，「死んだ労働」が「生きた労働」を使用するという現象は物象化に属するものであり，他方で，同一の現象が労働そのものに「対象化された労働」が対抗的に対立してくる事態として現われるのは疎外に属する。そして前者〔物象化〕は資本主義的生産過程を形態的側面から見た現象であり，後者〔疎外〕はその同一の過程の内容的側面から見た事態であることも明白であろう。

(3) 相対的剰余価値の生産

a 相対的剰余価値の概念

　相対的剰余価値は固定された労働時間のなかでの必要労働時間〔生活手段の生産に必要な労働時間〕の割合を低下させることによって，すなわち剰余労働時間を相対的に長くすることによって取得できる剰余価値である。この種の価値を創造するためには生活必需品の生産に必要な労働時間を短縮するために労働生産性の高い生産様式を採用しなければならない。それは主に労働の社会的形態の発展と生産方法の改善および道具から機械装置への労働手段の発展によって実現される。

b 協業

　労働の社会的形態の基本は協業である。そして協業，すなわち，「より多数の労働者が同時に同じ場所で同じ種類の商品を生産するために，同じ資本家の指揮の下で働くということが，歴史的にも概念的にも資本主義的生産の出発点をなしている」(Ebd., S.341)。労働者の労働は，協業によって結合労働となるが，「結合労働日の独自の生産力は，労働の社会的生産力または社会的労働の生産力である。それは協業そのものか

ら生じる。労働者は，他の労働者たちとの計画的協力のなかで，彼の個人的諸制限を脱して，彼の類的能力を発展させる」(Ebd., S.349)。しかし，「賃労働者たちの諸機能の連関と生産体総体としての彼らの統一とは，彼らの外に，彼らを結び付け，結合させている資本のなかにある」(Ebd., S.351)。つまり，労働者は資本家との雇用契約の際には，個々バラバラな個人としてであったが，資本の下での労働過程では互いに結合して社会的労働を形成する。この社会的労働は労働者が資本の下で同一の作業場で結合して労働することによってはじめて生じるので，この社会的労働が発揮する生産力は資本に属する資本の生産力となる。このように労働者としては個々バラバラな存在が，資本という物象の下で社会的労働を形成するのは，商品において個々バラバラな私的労働者たちが商品市場における諸商品の交換を媒介にして間接的に社会的関係を形成するのと同様である。要するに，協業において，資本に何の費用をかけることなく生じる社会的労働の生産力が資本の生産力として現われるのは，資本における物象化の現象である。

c 分業とマニュファクチュア

　協業においては，手工業では労働が独立して行われていたのに対して，労働は，依然として手工業の形態であるにしても，資本の下で結合して行われ，それによって資本には何の費用もかからない社会的労働の生産力が創造される。このような労働形態の変化は，労働過程が資本の下に実質的に包摂されることによって生じ，それによって結合労働としての協業という新たな生産様式が発生した。しかし協業において労働は，同一の作業が同じ場所で集団的に行なわれる点だけが従来の手工業と異なる点であり，個々の労働形態は手工業と同じである。協業につづく社会的労働の発展形態は，したがって，異種の作業の結合または一つの作業の多数の作業への分解に基づく「分業ないしは労働の分割 (Teilung der Arbeit)」という社会的労働の形態である。この分業の歴史的な存在形態がマニュファクチュアである。

　マニュファクチュアにおいては，個々の作業は依然として手工業であるが，作業の種類は異なり，これらの多様な種類の作業，すなわち部分

労働が有機的に結合し，こうして成立する全体労働は「人間をその諸器官とする一つの生産機構」(Ebd., S.358) を形成する。マニュファクチュアが単純協業より優れている点は，作業が専門化することによってより単純化され，個々の作業の効率が向上し，それによって社会的労働の生産力がさらに増大することである。ただし作業の専門化はその単純化をもたらし，労働者を部分労働者に転化し，労働を抽象化させる。これによって労働は単純作業の繰り返しとなり，異種の作業を統一させる精神的能力は個々の労働者から疎外されて，全体の生産機構〔これは資本に属する〕に移される。このようにマニュファクチュアは，単純協業よりも発展した生産様式であるが，同時に労働者にとっての否定的側面——労働の抽象化と精神的能力の疎外——を伴う。このような単純協業からマニュファクチュアへの発展をマルクスは次のように総括する。

> 「部分労働者たちに対して，物質的生産過程の精神的能力 (Potenz) を，他人〔資本家〕の所有物，そして彼らを支配する力として対立させることは，マニュファクチュア的分業の一産物である。この分離過程は，資本家が個々の労働者に対立して社会的な労働体の統一と意志を代表する単純協業においてはじまる。この分離過程は，労働者を不具化して部分労働者にするマニュファクチュアにおいて発展する。この分離過程は，科学を自立的な生産能力として労働から分離して資本に奉仕させる大工業において完成する。」(Ebd., S.382)

つまり労働者の精神的能力の疎外はすでに単純協業においてはじまり，マニュファクチュアでさらに進展して，大工業において完成する。この精神的能力の疎外は，労働の専門化による抽象化に起因する。大工業における精神的能力の疎外は，後に見るように労働過程での機械の導入に伴う科学の無償の利用の結果である。こうして相対的剰余価値の生産においては，労働の社会的生産力が資本の生産力として現われるという物象化が生じるとともに，協業，分業，大工業と生産様式が発展するにつれて個々の労働者からの精神的能力の疎外が発生する。つまり物象

化と疎外は資本主義的生産に必然的に伴う現象である。

d 機械制大工業

　労働手段の道具から機械への発展とともに，機械制大工業という新しい生産様式がはじまる。機械は原動機と伝動機構と道具機〔作業機〕の３種類に分かれるが，機械装置の出現に決定的な役割を演じたのは道具機である。道具機の発明はマニュファクチュアにおける作業の分割と道具の専門化・特殊化に由来する。物の複雑な製造工程はマニュファクチュアによってそれぞれが単純であるが異種の工程・作業に分割され，道具もそれに応じて専門化された。それによって全体の製造工程はそれぞれが異なるが単純な作業の有機的な編成となって現われた。この異種の単純作業を各種の物理的な運動に分解して有機的に結合した工程に編成した結果生まれた労働手段が道具機という機械である。そして道具機の出現に貢献したのが，労働者の各種の作業を科学的に分析して様々な物理的運動に分解し，それらを各種の技術的工程に体系化した技術学（Thechnologie）という科学である。これを応用して作り出された機械が道具機である。道具機の発明によって作業は道具機が行い，労働者はそれを始動，監視，停止する作業を行なうだけになる。マルクスが次のように言う所以である。「生産様式の変革は，マニュファクチュアでは労働力を出発点とし，大工業では労働手段を出発点とする」（Ebd., S.391）。労働が機械の監視を中心とするようになると，複雑労働は少なくなり単純労働が増加する。それとともに多くの婦女子が労働者として採用され，賃金が低下する。またそれとともに剰余価値が増大する。

　さらに道具機の発明の後に，蒸気のもつ熱エネルギーを機械的運動に変換する蒸気機関が原動機として登場した。そして伝動機構が出来上がって全製造工程の機械化が実現した。さらに複雑な製品の製造に対応して，異種の機械が複合した機械体系が出現し，最後に原料の加工・組み立てから製品の製造までの一連の作業を自動化した自動装置〔Automat（オートメーション）〕──機械の自動的体系──が登場した。これによって，労働人員は極端に少なくなり，労働も自動装置の監視作業が中心となった。これによって労働の生産力が著しく向上し，労働者

の少数化，労働の単純化が進み，不変資本に対する可変資本の割合がさらに低下し，資本家の取得する相対的剰余価値が大きく増加した。

さらに機械制大工業のそれ以前の生産様式と比べた利点は，資本家には費用のかからない科学と自然力の利用が可能となったことである。これらは生産の社会的要因として資本主義的生産に無償で採り入れることができる。すなわち自然力が人間力の代わりをし，「労働手段は機械装置として，人間力に置き換えるに自然諸力をもってし，経験的熟練に置き換えるに自然科学の意識的応用をもってすることを必須とする」（Ebd., S.407）。それゆえ，「大工業が，巨大な自然諸力と自然科学とを生産過程に合体することによって労働の生産性を著しく高めるにちがいないことは一見して明らかである」（Ebd., S.408）。

こうして価値増殖過程の手段として行われる労働過程においては，労働者は労働手段に使用されるという逆転現象は，機械が労働手段となることによって，技術的現実性を得る。つまり製造過程の主体は機械であり，労働者は機械の動きについていく，すなわち従うだけとなる。さらにマニュファクチュアにおける労働手段であった道具は労働者の手のなかに存在したが，機械は労働者の外に独立した存在という外観をとる。ここにおいて労働の労働手段からの分離と疎外は，技術的な現実となる。つまり生産手段が労働者を使用するという主客の転倒した物象化の事態も生産手段からの労働者の疎外も単に形式的ではなく実質的な，すなわち技術的な現実となって現われる。マルクスは資本主義における生産過程のこの二つの特徴のうち，物象化については明確に言葉として表現していないけれども，疎外に関しては明確に述べている。以下，一つの例を挙げておこう。

「資本主義的生産様式が一般に，労働者に相対する労働条件および労働生産物に与える，自立化され疎外された姿態は，こうして機械とともに完全な対立にまで発展する。(Ebd., S.455)

また先に挙げた物象化——労働手段が労働者を使うという主客の転倒

——の事態は，物象化という言葉は使用されていないが，次のマルクスの言葉に如実に現われている。

> 「労働過程であるだけでなく，同時に資本の価値増殖過程でもある限り，すべての資本主義的生産にとっては，労働者が労働条件を使用するのではなく，逆に，労働条件が労働者を使用するということが共通しているが，しかしこの転倒は，機械装置とともにはじめて技術的に明白な現実性をもつものになる。」(Ebd., S.446)

他方で，機械制大工業における労働者の疎外は，労働者の労働手段からの疎外であるだけでなく，機械の出現とともに生じる労働者の精神的能力の疎外でもある。すでにマニュファクチュアにおいて熟練労働者が単純労働者に置き換えられるとともに，熟練労働者に存在した精神的能力は単純労働者では必要なくなっていた。「生産過程の精神的能力（Potenz）が手の労働から分離すること，および，これらの能力が労働に対する資本の権力（Mächte）に転化することは，…… 機械装置を基礎として構築された大工業において完成される」(Ebd.)。このように労働者の精神的能力が資本の権力に転化するのは，機械制大工業において複雑な作業を統一する精神的能力が機械の技術的機構に外化されていて，機械が資本の物象的形態であるかぎり，労働者の精神的能力が外化されている機械の技術的機構それ自身が労働者を支配する資本の権力に転化しているからである。

以上，相対的剰余価値の生産においては，一方で，物象化は労働手段が労働者を使用するという主客の転倒という事態として現われる。他方で，疎外は，第1に，労働手段からの労働者の疎外に，第2に，労働者からの精神的能力の疎外およびそれの資本の権力への転化のうちに存する。

第5節　資本蓄積論における疎外論

　資本の蓄積は，単純再生産と拡大再生産に分けられる。単純再生産とは，生み出された剰余価値を次の生産のための資本に加えずに資本家が消費し，その結果，同一規模の生産が繰り返されることである。それに対して，拡大再生産は剰余価値を次の生産のための資本に加えて，生産の規模を拡大することである。これを繰り返すことによって，資本主義的生産はますます拡大された規模で生産を行なう。それとともに，単純再生産も拡大再生産も資本主義的生産過程の出発点であった資本と労働の関係をも再生産する。すなわち，生産手段からの労働者の分離・疎外が単純再生産と拡大再生産によって再生産されるのである。この点をマルクスは次のように述べている。

　　「労働生産物と労働そのものとの分離，客体的な労働諸条件と主体的な労働力との分離が資本主義的生産過程の事実上与えられえた基礎であり，出発点であった。
　　しかし，はじめはただ出発点にすぎなかったものが，過程の単なる継続，単純再生産に媒介されて，資本主義的生産自身の成果として絶えず新たに生産され，永久化される。……　労働者がこの過程〔生産過程または労働過程〕に入る前に，彼自身の労働は彼自身から疎外され，資本家に領有され，資本に合体されているのであるから，その労働はこの過程のなかで絶えず他人の生産物に対象化される。……　労働者のこの絶えざる再生産あるいは永久化が，資本主義的生産の，"不可欠の条件"である。」(Ebd., SS.595-6)

　この一文ではかつて『経哲草稿』で展開された「疎外された労働」の第1規定と第2規定が概念的に正確化されて再現されている。第1規定は，「労働者からの生産物の分離」であったが，ここでは「客体的な労働諸条件と主体的な労働力との分離」と言い換えられている。また第2規定は，「労働そのものにおける疎外」であったが，ここでは「彼自身

の労働が彼自身から疎外され資本家に領有され，資本に合体される」(Ebd.) と，ほぼ同じ表現で再現されている。この点に初期マルクスの後期マルクスへの連続性が見られる。

ところで，先の引用文にあるように，「客体的な労働諸条件と主体的な労働力との分離が資本主義的生産過程の事実上与えられえた基礎であり，出発点であった。」この出発点は論理的・構造的な意味での出発点であるとともに，歴史的な意味での出発点でもあった。すなわち，資本主義的生産が歴史的に成立するための出発点ないしは基礎であった。この基礎を創造した歴史的過程が資本の本源的蓄積である。この過程をマルクスは次のように叙述する。

　「資本関係は，労働者と労働実現条件の所有との分離を前提とする。…… したがって，資本関係をつくりだす過程は，労働者を自分の労働諸条件の所有から分離する過程，すなわち一方では社会の生活手段および生産手段を資本に転化し，他方では直接的生産者を賃労働者に転化する過程以外のなにものでもありえない。したがって，いわゆる本源的蓄積は，生産者と生産手段との歴史的分離過程にほかならない。」(Ebd., S.742)

このように資本関係の歴史的前提は，「労働者と労働実現条件の所有との分離」であるが，それは労働そのものの労働の対象的諸条件からの分離と同じことであり，「61～63年草稿」においてはこの分離は「疎外」と規定されていた。マルクスは『資本論』では「疎外」という哲学的な用語の使用をできるだけ避けていたが，『資本論』の第1巻の前に書かれた第3巻のための草稿では，この用語は頻繁に使用されていた。その一つに「労働から疎外された，労働に対して自立化された，こうして転化を遂げている労働諸条件の姿態」(MEGA Ⅱ/4.2, S.846, MEW Bd.25, S.832) という表現がある。見てのとおり，資本主義的生産においては労働諸条件は労働から疎外されている，とマルクスは述べている。したがって，マルクスは，資本の本源的蓄積の理論において，資本

177

主義的生産の歴史的出発点が労働からの労働諸条件の疎外にある，という疎外論を展開していたことは明らかであろう。

他方で，物象化論も資本蓄積論の最後の章である「第25章　近代的植民理論」において以下のような表現に提示されている。

「彼〔ウェイクフィールド〕が発見したのは，資本は物象ではなく，物象を通じて媒介された人格と人格とのあいだの社会的関係である，ということである。」(MEW Bd.23, S.793)

つまり資本が物象であるのは見かけにおいてだけであり，その本質においては人格と人格とのあいだの社会的関係であり，この資本の本質を見破ることができなかったのが俗流経済学者をはじめとする近代の経済学者たちであった。この意味では，物象化は，商品，貨幣および資本などの経済的カテゴリーの形態諸規定に必然的に伴う現象であり，それによってこれらの諸規定の本質ないしは実体——人格と人格との社会的諸関係——を見えなくして隠し，それらの関係を素材的諸関係と見せかけることによって，それらの関係の歴史的かつ過渡的性格を蔽い隠し，それらの関係を永久に存在し続ける関係と見せかける役割を演じるのである。だが物象化は，主観を誤ませるが，それ自体は客観的な現象であることは今まで述べてきたことから明らかであろう。

第6節　利潤論における物象化論

利潤とは前貸し資本全体から見た剰余価値であり，前貸し資本が資本の循環を経た後に取る剰余価値の現象形態である。というのは，資本家にとって儲けとは投資した前貸し資本が生みだすものと映るので，前貸し資本に対する剰余価値の大きさとしての利潤が資本家にとって剰余価値よりも重要なものである。しかし，「資本のすべての部分が一様に超過価値〔利潤〕の源泉として現われることによって，資本関係は神秘化される」(MEW Bd.25, S.55)。というのは，剰余価値においては，資本

家の儲けは労働者の剰余労働の搾取から生じるものであることが明らかであるにもかかわらず，利潤という観念においては，あたかも前貸し総資本という物象が自然に利益を生み出すように見えるからである。さらに利潤率とは前貸し総資本に対する利潤の割合であり，資本家は利潤率の最も大きい生産分野に資本を投資する。したがって，利潤率の上昇はすべての資本家の行動の動機となるものである。「けれども，利潤率の移行によって剰余価値が利潤の形態に転化される仕方は，すでに生産過程中に起こっている主体と客体との転倒のいっそうの発展〔すなわち物象化である―筆者〕にすぎない」（Ebd.）。というのは，実際には労働の社会的生産力という労働の主体的な力が利益〔剰余価値〕を生み出すのに，資本家にとっては労働の生産力は資本の生産力として現われるから利益は利潤という形態で客体である生産手段が生みだすものとして現われる。ここにおいて客体である生産手段が能動的となって利潤を生みだす主体と化す。これが主体と客体の転倒であり，それは物象化によって生じるのである。

第7節　利子生み資本における物象化論

　利子は借りた資本の使用料である。資本家は銀行等の利子生み資本から資金を借りて，それを生産に投入し，利潤をあげてその一部を利子として借りた元金に上乗せして返還する。このときの資本の流れは図式的に「G-G′」として表わされる。そして資本を借りる資本家は機能資本家であり，生産過程に資本〔貨幣〕を投入して，生産手段に転化させ，労働者の剰余労働を搾取することによって，剰余価値を生み出し，利潤をあげる。そして利潤は企業者利得と利子に分裂する。
　利子生み資本における資本の流れを表わす「G-G′」の図式は，資本の増殖が，生産過程と流通過程に媒介されずに行われることを表わしている。つまりこの図式においては貨幣という物が無媒介に自己増殖する資本として現われるのである。このような利子生み資本の特徴をマルクスは次のように描写している。

「資本は，利子の，自己自身の増殖の，神秘的で自己創造的な源泉として現われる。物（貨幣，商品，価値）が，いまや単なる物としてすでに資本であり，資本は単なる物として現われる。総再生産過程の結果が，物に自ずから備わる属性として現われる。」(Ebd., S.405)

つまり利子生み資本においては，貨幣という物に価値を増殖する属性が備わっており，そういう意味では単なる物がすでに資本である。言い換えれば，物そのものに自己増殖する資本という属性が備わっているという意味では，利子生み資本は資本物神そのものである。マルクスは，利子生み資本のこのような特性を次のように描いている。

「利子生み資本においては，この自動的な物神——自己自身を増殖する価値，貨幣を生む貨幣——が純粋に仕上げられており，資本は，この形態においては，もはやその発生の何らの痕跡も帯びていない。社会関係は，一つの物の，貨幣の，自己自身に対する関係として完成されている。」(Ebd.)

マルクスの力点は，利子生み資本においては社会関係が一つの物〔貨幣〕に対象化されていること，すなわち物化されていることに置かれている。しかし，「ここに現われるのは，貨幣の資本への現実の転化ではなく，内容のないその形態だけである」(Ebd.)。つまり，利子生み資本は，労働過程という生産の内容を欠いた，社会関係という形態だけが物化されて現われた資本物神の極致であり，このようなものとして資本における物象化の最高の形態である。この点をマルクスは，次のような言葉で表現している。

「ここ〔利子生み資本〕で，資本の物神的姿態と資本物神の観念とが完成する。G-G′においてわれわれが見出すのは，資本の没概念的姿態，生産諸関係の最高度の転倒と物象化であり，……　もっとも際立った形態の資本の神秘化。」(Ebd.)

このように利子生み資本において，われわれは資本という生産諸関係が最高度の物象化を遂げているのを見ることができる。資本が没概念的形態であるというのは，資本が生産過程と流通過程という媒介を欠いた形態そのものにすぎないからである。それが最高度の転倒であるというのは，客体である資本が内容を欠いた貨幣という物と化しているだけでなく，物が増殖する価値を体現した神秘的な主体に転化しているからである。

第8節　「三位一体範式」における疎外と物象化

　三位一体範式は，「資本—利潤〔企業者利得＋利子〕，土地—地代，労働—労賃」という範式に表わされる。それは資本主義における三大階級〔資本家階級，土地所有者階級および労働者階級〕の収入〔利潤，地代および労賃〕をその源泉〔資本，土地および労働〕に関係づけたものである。この範式は次の点で不合理である。第1に，資本という歴史的な生産関係が土地と労働という非歴史的すなわち歴史貫通的な生産の要素と同列に並べられていることである。第2に，この範式が純化され，「資本—利子，土地—地代，労働—労賃」という形態に転化したときにこの不合理はより顕著に現われる。すなわち，①「資本—利子」においては，資本は生産過程と流通過程を経ずに直接的に利子を生みだす源泉として神秘的なものとして現われ，②「土地—地代」においては，土地は自然的存在であるにもかかわらず，歴史的な資本主義的生産形態において生じる剰余価値の一現象形態としての地代の源泉として現われ，③「労働—労賃」においては，労働は人間が自然との物質代謝を媒介するために歴史貫通的に必要な活動であるにもかかわらず，すなわち商品となる物象ではないにもかかわらず，「労働商品」の価格形態としての賃金と関係させられるという不合理が表わされている。三位一体範式は，このような神秘性と不合理を内在させている点で，「経済的諸関係の疎外された（entfremdeten）現象形態」（MEW Bd.25, S.825）である。この「疎外された（entfremdeten）」という言葉は「疎外」という哲学的

な概念であるというよりも，この言葉の後で，この現象形態が「"明らかに"ばかげたものであり，完全な矛盾である現象形態」(Ebd.) であるとすぐに言い直されていることからも分かるように，単に「不合理な」という意味を誇張して表わすために用いられた日常的な言葉であると解される。この点はマルクスの，「資本―利子，土地―地代，労働―労賃というこの疎外された不合理な形態」(Ebd., S.838) という表現にも示されている。

これに対して三位一体範式には物象化が典型的に現われているとマルクスは述べる。

「価値および富一般の構成諸部分とその源泉との連関としてのこの経済的三位一体においては，資本主義的生産様式の神秘化が，社会的諸関係の物化が，素材的な生産諸関係とその歴史的・社会的規定性との直接的な癒着が完成されている。……　この偽りの外観と欺瞞，富のさまざまな社会的諸要素相互のこの自立化と骨化，この諸物象の人格化と生産諸関係の物象化，日常生活の宗教，これらを打ちこわしてしまったことは，古典経済学の大きな功績である。」(Ebd., S.838)

ここでいう「社会的諸関係の物化」は「土地―地代」に典型的に現われる。地代は超過利潤が転化したものであり，かつまた平均利潤からの控除分であるかぎりでは，その源泉は剰余価値にある。したがって，資本から地代が生じるとされれば，それなりの合理性は保たれるが，土地から地代が生まれることを示すこの範式においては，資本が土地に物化されて現われていることになる。また「諸物象の人格化」とは，第1には，①資本が意識をもった資本家に人格化されること，②労働が労働者という意識的存在に人格化されること，③土地が土地所有者に人格化されること，総じて資本主義的生産の「3要素」が資本家，労働者および土地所有者の人格に代表されることを意味する。それは第2には，資本を例に取れば，資本主義的生産において資本の素材的要素である生産手段が価値体として労働者を支配する能動的な主体と化し，その意味で物

象が人格化するという転倒を意味する。そういう意味では，この「諸物象の人格化」は「諸人格の物象化」，すなわち生産手段という物象の人格化に伴って人格としての労働者が生産手段に対して受動的に関係し，客体となること，すなわち物象化することと表裏一体である。この点は次のマルクスの言葉によく示されている。

　「さらに，商品のうちにはすでに，資本の生産物としての商品のうちにはなおさらのこと，全資本主義的生産様式を特徴づける，社会的な生産諸規定の物化と生産の物質的諸基礎の主体化とが含まれている。」(MEW Bd.25, S.887)

ここで「社会的な生産諸規定」と言われるのは，資本のカテゴリーに反映されている「社会的な生産諸関係」を指すので，「社会的な生産諸関係」とほぼ同じ意味である。とすれば，「社会的な生産諸規定の物化」とは「生産諸関係の物象化」とほぼ同一の事態を指し，また「生産の物質的諸基礎の主体化」もより簡単に表現すれば，「物象の人格化」と同じ事態を表わしている。また「物象の人格化」は「人格の物象化」と表裏の関係にある。したがって，商品・貨幣を含む資本における物象化は，「生産諸関係の物象化」と「人格の物象化」の二つの概念で表わされると言ってよいであろう。そしてこの二つの表現における物象化の意味については，これまでの記述で何度も説明してきたので，ここであえて繰り返すことはしない。これらの概念の詳細な説明は第7章で再び展開される。

注
（1）もちろん，資本主義的生産の特徴は，商品生産の全面化にあるだけでなく，剰余価値の創造と取得にある。したがって，資本主義的生産は労働者の剰余労働の搾取を不可欠とする。
（2）ではなぜ商品形態が歴史的に出現するのかという問題設定はここではしない。というのは，ここでは商品の存在が前提されているからであり，商品から貨幣を経て資本に発展する論理を明らかにすることが『資本論』の理論的

課題だからである。しかし，この問題に敢えて答えれば，商品生産は，歴史的には異なる共同体間の剰余生産物の交換からはじまり，次第に共同体内部での商品交換が広がり，さらには一社会全体での商品交換が発展した。このような商品交換の発達により，社会的分業が発生し，個々の生産者が特殊な生産物を生産するようになるとともに，各人がアトムのように直接的な関係を断ち切られ，その結果，互いの関係を間接的に，すなわちその生産物の交換を媒介に取り結ぶようになった。マルクスが「労働生産物の社会的諸関係」というのは，この商品生産者による生産物の交換関係のことである。

（3）以下を参照。芝田進午「V疎外」（芝田進午編『講座マルクス主義研究入門第一巻　哲学』青木書店，1975年，205，215頁）。田上孝一「マルクスの物象化論と廣松の物象化論」（『季刊経済理論』第48巻第2号，桜井書店，2011年，42頁）。

（4）廣松渉『物象化論の構図』（岩波現代文庫，2001年）における以下の文を参照。「それ〔物象化の事態—筆者〕は，所与の条件の下では，しかるべくして生ずる錯視であり，人々の日常的意識が"必然的"に陥る錯認であると言っても過言ではない。」（同書，116頁）

第7章 マルクスの物象化論と疎外論の理論的内容と諸説の検討

第1節 マルクスの物象化論の理論的内容と諸説の検討

（1）物象化・物化・物神性

a 商品における物象化・物化・物神性

　マルクスは『資本論』第1章・第4節の「商品の物神的性格とその秘密」においてはじめて物象化の規定を述べる。したがって，マルクスは商品が「物神（der Fetisch）」であることを示すために，先ず物象化という現象が商品形態に現われることを明らかにする。ここでは商品における物象化・物化・物神性の間の区別と関連を明らかにするために，前章で引用した『資本論』の商品章の「第4節　商品の物神的性格とその秘密」のなかの文章を再度掲げて，それに基づいて議論を展開することとしたい。その箇所でマルクスは，第1に，商品の物神的性格の起源を労働生産物が商品となることによって生じるその謎的性格（rätselhafte Charakter）に求め，それを次のように労働生産物が商品形態を取ることそのものに起因すると見なす。

　　「それでは労働生産物が商品形態をとるやいなや生じる労働生産物の謎的性格は，どこから生じるのか？明らかに，この形態そのものからである。……　生産者たちの労働のあの社会的諸規定がそのなかで実証される彼らの諸関係は，労働生産物の社会的諸関係という形態を受けとるのである。」(MEW Bd.23, S.86)

　つまり労働生産物が商品形態を取るやいなや生じるその謎的性格は，

商品形態そのもの，すなわち二人の私的労働者の人間労働が同等であることが彼らのそれぞれの労働生産物に対象化された価値という物象的形態に現われることに起因する。言い換えれば，私的生産者たちの社会的性格は，直接的に彼らの社会的関係としては現われないで，間接的に彼らの労働生産物の社会的関係という形態を取ることに現われる。そして，このように労働生産物が社会的関係の下に置かれることによって，「労働生産物は商品という物象となる」のである。これが商品における物象化の意味である。

このように労働生産物の謎的性格の秘密がその商品形態にあることが明らかにされると，次は商品形態が神秘性をもつことが問題とされ，それは次のことにあると述べられる。

「したがって，商品形態の神秘に満ちた性質は，単純に次のことにある。すなわち，商品形態は，人間にたいして，人間自身の労働の社会的性格を労働生産物そのものの対象的性格として，これらの物（Dinge）の社会的自然属性として反映させ，それゆえまた，総労働にたいする生産者たちの社会的関係をも，彼らの外部に存在する諸対象の社会的関係として反映させるということにある。この取り違い（Quidproquo）によって，労働生産物は商品に，すなわち，感性的でありながら超感性的な物，または社会的な物になる。」(Ebd.)

ここでは先の引用文で労働生産物の謎的性格の秘密とされたこと，すなわち「人間自身の労働の社会的性格を労働生産物そのものの対象的性格」として表わさせることが，「これらの物（Dinge）の社会的自然属性として反映させ」ることと言い換えられる。すなわち，物象化は同時に物化でもあると見なされるのである。このように同じ事態が物象化と物化という二つの異なる概念で表現されるのは，これらの概念のそもそもの意味が異なるからである。物象化は，もともと社会的性格のない労働生産物が「社会的な物」である物象〔商品〕と化すことによって，物に内在する価値として社会的性格を獲得することを意味する。それはも

ともと社会的性格がない物〔労働生産物〕が物象〔商品〕〕となることによって社会的性格を獲得することをいう。それに対して，物化とは物の社会的性格，すなわち価値が物と癒着して物の自然属性として現われることを指す。したがって，物象化と物化という概念で表わされた現象は同じ事態を表わしており，物象化は物が物象となることによって社会性を獲得することに着目した概念である。つまり物象化においては物の社会性は前提されているが，物化はこの物の社会性が物の自然属性と癒着して，この社会性が物に内在するものとして，すなわち物の自然属性として現われることを意味する。

このような両概念の違いは，マルクスの用語法にも現われている。物象化は基本的には「生産諸関係の物象化」(MEW Bd.25, S.405, 838, 839) という表現で使用されている。この表現においては，「生産諸関係」に「社会的な」という形容表現が前に置かれていない。その理由は，「物象」いう概念に「社会的性格」という意味が含まれているので，「社会的生産諸関係の物象化」という表現は，「社会的性格」が「社会的性格」に対象化されるという不合理なことになるからである。だから，マルクスは「社会的生産諸関係の物象化」とは言わずに，その代わりに「社会的諸関係の物化」(MEW Bd.25, S.838) または「社会的な生産諸規定の物化」(MEW Bd.25, S.887) という表現が用いられるのである。以上で明らかなように，物象化と物化とは異なる概念ではあるが，同じ事態を表現しているのである。

さらにマルクスは，物象化を物化という異なる概念で表わすことによって，そこから物神性（Fetischismus）の概念を次のように導き出す。

「ここで人間にとって物と物との関係という幻影的形態をとるのは，人間そのものの一定の社会的関係にほかならない。それゆえ，類例を見いだすためには，われわれは宗教的世界の夢幻境に逃げ込まなければならない。ここでは，人間の頭脳の産物が，それ自身の生命を与えられて，相互のあいだでも人間とのあいだでも関係を結ぶ自立的姿態

のように見える。商品世界では人間の手の生産物がそう見える。これを，私は物神崇拝（Fetischismus）と名づけるが，それ〔Fetischismus〕は，労働生産物が商品として生産されるやいなや労働生産物に付着し，それゆえ，商品生産と不可分である。

商品世界の物神的性格（Fetischcharakter）は，これまでの分析がすでに示したように，商品を生産する労働の固有な社会的性格から生じる。」（Ebd., SS.86-7）

この物化においては，物と物が社会的関係を結んで，それを見る者にとってはその関係は幻影的に映る。その理由は人間どうしの社会的関係が物と物との関係として物化されて現われるからにほかならない。これは宗教において神という頭脳の産物，すなわち観念にすぎない神が人間を支配する超越者となって現われる現象に似ている。違いは物化においては神が観念にではなく社会的関係が物に宿って，それが幻影的形態で現われていることである。したがって物化によって物どうしの関係がそれを見る人間にとって幻影として映ることを物神崇拝（Fetischismus）とマルクスは呼ぶ。それは単に人間の表象作用という主観的なものではなく，「労働生産物が商品として生産されるやいなや労働生産物に付着」すると言われる限りでは，商品における物化に伴う客観的な現象，すなわちそれは，「商品世界の物神的性格（Fetischcharakter）」と同じである。商品章の第4節が「商品の物神的性格とその秘密」と題されている所以である。

b 貨幣における物象化・物化・物神性

商品においては二人の私的生産者の彼らの商品を媒介とした関係が価値として現われている。その関係は，図式化すると，「W-G-W」，すなわち自分の商品を売って別の商品を買う，という関係である。すなわち，商品においては商品交換の媒介に貨幣が登場するとしても，それは一回限りである。したがって，商品において商品流通は視野に入っていない。

ところが，貨幣においては，生産者の関係は二人の関係にとどまら

ず，図式は「W-G-W-G-W-G-W……」と延々につづき，このようにして商品の単純流通が行われる。このような流通が成立することによって商品生産者どうしは互いに関係を結び，商品生産関係が成立する。しかし，この関係は直接的には存在せず，貨幣という物象に対象化されて現われる。すなわち，商品生産関係は間接的に，すなわち貨幣という物象の存在に媒介されて現われる。これが貨幣における物象化である。

他方で，貨幣における物化とは，商品生産関係において成立した商品生産者どうしの社会的諸関係に現われる。すなわち貨幣における物化は，一般的社会的労働が貨幣の素材である金・銀と癒着して現われ，金・銀という物のうちに一般的社会的労働が表わす社会的力としての富が対象化され，金・銀という物が社会的富そのものとして現象する点に現われる。

このような物化によって，貨幣はどんな商品とでも交換できる富の象徴と化し，人々の行動は「買うために売る」から「売るために買う」ことに移行し，貨幣の蓄積そのものを目的にし，貨幣は商品購入のための手段から人々の行動の目的となる。この手段の目的への転化という転倒において貨幣は人々の行動を支配する神のような性格を帯びる。これとともに貨幣は貨幣物神に転化する。

このような貨幣における商品生産関係の物象化と商品生産者の社会的諸関係の物化によって貨幣の蓄積が行われ，貨幣の無限な量的な増加が進行する。しかし，それは量的な増加にとどまるかぎり限界がある。この量的な増加という限界を超え，質的な飛躍を遂げるためには，貨幣が自己増大する，すなわち貨幣がそれ自身で増殖することに進まざるをえない。ここにおいて，貨幣は資本に転化する。資本は自己増殖する価値であり，直接的には貨幣が転化したものである。

c 資本における物象化・物化・物神性

資本における物象化は，資本主義的生産関係〔生産における資本家階級と労働者階級の関係〕が資本，直接的には貨幣に，物象化されて現われることである。価値の増大が直接的にすなわち量的に計算できる形態で現われるのは貨幣においてであり，その点で貨幣は資本の基本的形態

である。

　他方で，資本は資本家にとっては生産手段として現われる。この点で資本における物化は生産手段への資本の物化である。歴史的に一定の生産関係が単なる使用価値としての生産手段として現われる。こうして資本における物化は，生産関係の歴史的性格を隠蔽する役割を演じる。この事態をマルクスは『直接的生産過程の諸結果』（1863〜4年）という資本論の準備草稿で次のように述べている。

　「資本主義的生産の基礎上では，自己を資本に転化するというこの対象化された労働の能力，すなわち生産手段を生きた労働に対する指揮とそれの搾取の手段に転化するこの能力は，それ自体として生産手段に帰属するものとして現われ（そして実際，この基礎上では潜在的に生産手段と結びついている），生産手段と不可分なものとして，したがって，物としての，使用価値としての生産手段に，つまり生産手段としての生産手段に内属する属性として現われる。こうして生産手段はそれ自体として資本であるものとして現われる。それゆえ資本は，一定の生産関係を表現するものであり，生産の内部において生産諸条件の所有者が生きた労働能力に相対する一定の社会関係を表現するものなのだが，その資本が物として現われるのである。それはちょうど，価値が物の属性として現われ，その物の商品としての経済規定性がそれの物的な性質として現われるのと同じであり，労働が貨幣において受け取る社会的形態が物の属性として現われるのと同じである。」（MEGA Ⅱ/4.1, SS.63-4）

　資本は，剰余価値の生産において，労働者を指揮・監督し搾取する資本の力を生産手段という対象化された労働にそなわる力に転化させる。それによって資本は，単なる物としての生産手段に転化している，すなわち物化している。またそれによって一定の歴史的な生産関係であることを表現する資本は，資本の素材的な生産要素である生産手段として現われ，その意味では永久にすなわち歴史貫通的に生産の要素である生産

手段が資本として現われる。それとともに，資本関係の歴史的に過渡的な性格が隠蔽され，資本関係が永久に存在し続ける生産関係であるとの仮象がつくりだされる。このように本質を現象から分離し，本質を隠蔽することによって資本関係の歴史的性格を見えなくし，それを永遠の関係と見せかけることが物化の果たす否定的な役割である。

この資本における物化によって，生産手段は労働の搾取という本質的な価値増殖の真の源泉が隠されて，価値を自然に生み出す源泉として現われ，その物的な姿のままで社会的な力をもつ超感性的な存在，すなわち神のような存在として現われる。こうして生産手段は資本物神となる。

資本の図式は，「G-W-G′」であり，資本は生産過程を媒介にして増殖し，流通過程を経て実現するが，利子生み資本においては，図式は「G-G′」であり，資本は生産過程と流通過程を経ずに直接的に，すなわち無媒介に自己増殖する。このような利子生み資本の特殊な性格をマルクスは次にように描写する。

「利子生み資本において，資本関係はそのもっとも外面的で物神的な形態に到達する。ここでわれわれが見出すのは，G-G′，より多くの貨幣を生み出す貨幣，両極を媒介する過程なしに自己自身を増殖する価値，である。」(MEW Bd.25, S.404)

利子生み資本において資本関係がそのもっとも外面的形態にあるというのは，生産過程という内容を欠いた形態であることにある。資本関係が利子生み資本においてそのもっとも物神的な形態であるというのは，利子生み資本においては，貨幣そのものがその物的な姿のままで利子という自己増殖した価値を直接的に，すなわち無媒介に生み出すこと，すなわち物の姿のままで人間を超えた超感性的な存在になること，言い換えれば，まるで神のように人間に対立し人間に君臨する存在になることを指す。こうして，「利子生み資本においては，資本物神の観念が完成されている」(MEW Bd.23, S.412)。というのは，貨幣という労働生産

物に生来そなわっている,「自動装置」のように幾何級数的に剰余価値を生み出すという観念が利子生み資本に実現されているからである。

(2)「人格の物象化」と「物象の人格化」

a 商品における「人格の物象化」と「物象の人格化」

　物が経済的規定を受け取ると物象となる,あるいはそう呼ばれる。経済的規定は物の価値対象性のことであり,それによって物が何らかの社会的関係の下に入ることである。物は何らかの有用性をもつことによって使用価値になるが,それによって他の使用価値との交換可能性を有することになる。このように物が使用価値を有するようになり,他の使用価値との交換可能性をもつことによって,使用価値は交換価値を有するようになる。交換価値は交換関係に入った二つの使用価値に内在する価値の現象形態である。それゆえ,使用価値と価値の統一物が商品である。こうして物が商品になることによって,物は物象となる。

　他方で,人間が経済的関係に入ると人格となる,あるいはそう呼ばれる。経済的関係とは生産における人と人との関係である。商品において生産は私的に行なわれ,生産用具を所有した生産者が私的に労働を行なう。したがって,私的生産者はまた私的労働者でもある。私的生産者は互いに直接的に関係を結ぶことはできず,その労働生産物の交換によって,すなわち労働生産物が交換可能な商品に転化することによって成立する商品交換関係を通じて互いに社会的関係を取り結ぶ。このように商品という物象どうしの関係を通じて社会的関係に入ることによって生産者は私的生産者という人格となる。

　「人格の物象化」とは,第1には,私的生産者という人格が経済的諸関係において商品という物象として現われることである。商品生産においては人格が他の人格と直接的に関係を結ぶことができない以上,人格はその生産した商品という物象で人格を代表させることを通じて経済的関係に入る。他方で,「物象の人格化 (Personifikation または Personifizierung)」とは,「人格の物象化」の事態を裏面から見たものであり,それは第1に,商品という物象がその生産者としての私的生産

者のうちに人格的存在を得ることである。このように「人格の物象化」と「物象の人格化」は同一の事態を反対の側面から見たものであり，この事態は，生産者という人格の社会的関係が商品という物象の社会的関係として現われるという商品に独特の経済的関係から生じたものである。

　「人格の物象化」の第2の意味は，「物象の人格化」の第2の意味を裏面から見たものである。そこで先ず「物象の人格化」の第2の側面から見ていこう。それは，『資本論』の「商品の物神的性格とその秘密」の節で明らかにされているように，労働生産物という物が商品となることによって物象と化し，社会的性格を得て超感性的性質を帯びるようになり，物神として現われることによって主体化することを意味する。言い換えれば，商品は人格という主体が生産した客体であるが，その客体が物神性を帯びることによって本来は主体である人格を支配するようになるという意味で主体化するのである。この客体の主体化という転倒を，物象が人格と化すこと，すなわち「物象の人格化」とマルクスは称したのである。そして商品という物象が能動的な主体と化すことによって，逆に主体である私的生産者という人格が受動的になり，客体化される。これが「人格の物象化」と称されるのである。これは「物象の人格化」の事態を裏面から見たものである。

　このように商品においては商品が物神的性格を帯びることによって，商品という物象が本来は客体であるにもかかわらず，人格を支配する主体と化すという主客の転倒という事態が発生する。これは商品における物象化に固有の現象である

b 貨幣における「人格の物象化」と「物象の人格化」

　商品交換が無限の連鎖となることによって商品生産関係が成立する。商品の使用価値においては，特殊な具体的労働が対象化されているのに対し，その価値にはその特殊な労働の一般的性格すなわち抽象的人間労働という側面が対象化されている。貨幣とは商品の価値という側面が自立化して商品とは別個の存在となったものである。このようにして成立した貨幣関係においては，貨幣は自立した存在を得ているので，貨幣を

所有するのは私的労働者ではなく貨幣所持者であり，そのような存在として貨幣所持者は貨幣関係における人格である．

したがって，貨幣における「人格の物象化」は，第1には，経済的関係において貨幣所持者が貨幣という物象として現われることを指す．すなわち貨幣関係において貨幣所持者は表には現われず，貨幣という物象的形態で経済的関係を取り結ぶ．他方で，貨幣における「物象の人格化」は，第1には，貨幣という物象が貨幣所持者において人格的存在を得ることである．このように商品生産社会において，人格は商品，貨幣という物象の所有者として経済的関係に入り，この経済的関係そのものも物象どうしの関係として現われる．つまり生産関係は物象の社会的関係に扮装して現われるのである．

貨幣における「人格の物象化」の第2の意味は，商品の場合と同じように，貨幣における「物象の人格化」の第2の意味の裏面として理解すると分かりやすい．すなわち，貨幣関係における「物象の人格化」の第2の意味は，貨幣関係においては貨幣の蓄積による社会的富の蓄積が自己目的化するので，貨幣が物にすぎないにも関わらず，社会的な力として超感性的な存在と化し，貨幣物神となることである．貨幣は人々にとってどんなものでも手に入れることができる万能の存在に映り，人々はその行動において貨幣に支配される．こうして貨幣という物象は能動的な主体と化し，人格は受動的な客体と化す．この転倒において「物象の人格化」が成立する．貨幣における「人格の物象化」はこの転倒した関係の裏面にすぎない．すなわち貨幣所持者という本来は能動的な主体が貨幣に対して受動的に関係し，貨幣が主体化する．すなわち貨幣所持者という人格が貨幣という物象に支配されるのである．

すなわち，貨幣関係においては，貨幣所持者たちはその行動においてどんなものでも手に入れることができる貨幣の万能性に支配される．このような主客の転倒は物象化に固有の現象である．

c 資本における「人格の物象化」と「物象の人格化」

資本における「人格の物象化」は，第1に，一方では，資本家という人格が不変資本に属する生産手段という物象として現われ，この物象に

対象化された増殖する価値として現われることである。他方では，「人格の物象化」は，労働者という人格が労働力という物象として現われることにある〔これによって労働力の発揮である労働そのものにおいて剰余労働が搾取される〕。この関係の裏面が「物象の人格化」である。すなわち，生産手段という物または物象が資本家という意志と意識をもった人格に代表され，労働力という物または物象は，労働者という人格によって代表される。それによって資本主義的生産関係は，その本質においては，物〔生産手段〕と物〔労働力〕との関係ではなく，生産における資本家と労働者という人間どうしの関係——歴史的に一定の生産関係——であることが明らかにされる。逆に，「人格の物象化」は，資本家という人格が生産手段という物象として現われ，労働者という人格が労働力という物象として現われることを指す。ここにおいて資本家と労働者の関係という一定の歴史的に過渡的な生産関係は，生産手段と労働力との関係という素材的な生産関係——そういうものとしては永久に存在する生産関係である——として現われる。しかし，この生産関係は仮象であり，本質は資本家と労働者の歴史的に一定の生産関係である。したがって，「人格の物象化」はこの本質を隠蔽する作用を有する。

　他方で，資本において物象化は，主客の転倒を，商品・貨幣におけるよりもいっそう発展させる。この点をマルクスは次のように指摘する。

　「すでにわれわれは，資本主義的生産様式の，また商品生産さえもの，もっとも単純な諸カテゴリーを考察したさいに，商品および貨幣を考察したさいに，神秘化的な性格，すなわち，社会的諸関係——富の素材的要素は生産にさいしてこの諸関係の担い手として役立つ——を，これらの物そのものの諸属性に転化させる（商品），またいっそうはっきりと生産関係そのものを物に転化させる（貨幣），神秘化的な性格を指摘した。すべての社会諸形態は，それらが商品生産および貨幣流通をもたらすかぎり，この転倒（Verkehrung）に関与する。しかし，資本主義的生産様式においては，そしてそれの支配的なカテゴリー，それの規定的な生産関係をなす資本については，魔法にかけ

られ，転倒させられたこの世界はさらにいっそう発展する。」（MEW Bd.25, S.835）

　資本における物象化とそれによる主客の転倒は，「物象の人格化」においていっそうはっきりと現われる。すなわち，生産手段そのものは，それが労働の生産物であるかぎりでは「対象化された労働」または「死んだ労働」であり，資本主義的生産過程において「生きた労働」，すなわち労働そのものと結合して「生きた労働」を吸収し，すなわちその剰余労働を剰余価値として吸収し，「生きた労働」を支配する物象である。このような物象は客体であるが，主体である労働者を支配するかぎりでは，むしろ能動的な主体と化している。逆に労働者という主体は受動的な客体と化している。だが主体化とは，経済学的に言えば，人格化であり，客体化とは物象化である。すなわち，この生産手段という物象の主体化は，「物象の人格化」である。この関係を労働者という人格の客体化の側面からとらえれば，それは「人格の物象化」である。この転倒は，物化という観点から見れば，生産手段という物〔使用価値としての生産手段〕が労働者という人間を支配することである。この点をマルクスは次のように指摘している。

　「労働者に対する資本家の支配はしたがって，人間に対する物象の支配であり，生きた労働に対する死んだ労働の，生産者に対する生産物の支配である。というのも，実際のところ，労働者を支配する手段となる諸商品（だがそれはただ資本それ自体による支配の手段としてのみそうなるのだが）は，もっぱら生産過程の結果であり，その生産過程の産物にほかならないからである。これはまさに，宗教においてイデオロギーの領域で生じているのと同じ関係が物質的生産過程の領域で，現実の社会的生産過程——というのもこれこそが生産過程であるから——で生じているということである。すなわち，主体の客体への転倒，およびその逆の転倒がそれである。」（MEGA Ⅱ/4.1, SS.64-5）

この資本における物化において資本物神は商品物神と貨幣物神を超えていっそうの発展を遂げている。そしてこの資本物神の完成形態は利子生み資本である。というのは，利子生み資本は，貨幣という形態で無媒介に，すなわち生産過程と流通過程を経ずに，自己増殖するからである。すなわち，機能資本家に貸した貨幣が利子を伴って増加されて戻ってくるという魔術が利子生み資本に作用しているかのように見える。利子生み資本が資本における物化の最高の形態であるのは，この資本においては，「物（貨幣，商品，価値）が，いまや単なる物としてすでに資本であり，資本は単なる物として現われる」(MEW Bd.23, S.405) からである。
　さらに物象化は，価値増殖過程の手段として現われる労働過程において，労働者が労働手段を中心とする生産手段に使用されるという本来の関係の転倒としても現われる。このような転倒をマルクスは次のように描写している。

　「価値増殖の立場から見ると，事態は違ったように現われる。そこでは，労働者が生産手段を使用するのではなく，生産手段が労働者を使用する。生きた労働がその客体的器官としての対象化された労働のうちに自己を実現するのではなく，対象化された労働が生きた労働を吸収することによって自己を維持し増大させ，そうすることで自己増殖する価値に，すなわち資本になり，そういうものとして機能するのである。生産手段は今では，できるだけ大量の生きた労働を吸収するものとしてのみ現われる。生きた労働は今では，既存の価値を増殖させる手段としてのみ現われ，したがってそれを資本化する手段としてのみ現われる。」(MEGA Ⅱ /4.1, S.63)

　この労働手段による労働の使用という転倒は，道具から機械装置への労働手段の発展において技術的な現実性を得る。すなわち，機械の導入によって労働者は機械の動きに従うように行動するほかなく，労働過程は機械の運動に基づいて展開される。道具においては労働者の手の運動

が労働過程の出発点であったが，機械が労働手段として採用されることによって生産過程は科学の技術学的応用となり，人間は主要な生産要因ではなくなる。生産過程は機械という客体の運動となり，人間は機械の手足となり，それゆえ機械に従属する。これによって人間にたいする物象の支配は技術的現実となる。

　最後に，資本に固有な物象化の現象として挙げておかなければならないのは，相対的剰余価値の生産過程における労働の社会的形態の下で生じる「労働の社会的生産力」または「社会的労働の生産力」がすべて「資本の生産力」として現われることである。この生産力のなかには，協業と分業という労働者の社会的結合によって生じた社会的労働の生産力〔生産力の発展の主体的組織的側面〕だけでなく，道具から機械装置への労働手段の発展から生じる自然力と科学という無償の生産力〔生産力の発展の客体的技術的側面〕も含まれる。これらの生産の自然的要因と社会的要因が資本に合体されることによって，資本の生産力は著しく増大する。この意味で，資本における物象化の進展は，生産力を増大するために不可欠の条件となる。

（3）諸説の批判的検討

　ここで採り上げるマルクスの物象化論に関する諸説は，2010年以降に発表された研究書ないしは論文に限定する。というのは，一昔前に展開された廣松渉の物象化論と平田清明の物象化論に関しては，これまでさまざまな研究者が批判ないしは検討してきており，おおよその評価が定まっていると思われるからである。そして今この時期の代表的な研究者は，私見によれば，佐々木隆治氏，山本哲士氏および平子友長氏の三氏である〔以下，敬称略〕。そのなかで，山本哲士はその著書『物象化論と資本パワー』（文化科学高等研究院出版局，2012年）において，「資本は，経済域においてのみはたらいているのではない。社会，文化，歴史，自然，環境など総体において作用していることが，まったく考えられていかないことになっている」（同書103頁）と述べ，同書が経済

域以外での資本の作用を対象とすることが明らかにされている。そのためか，同書には同氏独自の物象化論は見られない。そこでここでは同書を検討の対象から外し，したがって，佐々木隆治と平子友長の両氏の所説を検討することとしたい。

a 佐々木隆治のマルクス物象化論解釈の検討

　佐々木氏の著書『マルクスの物象化論』（社会評論社，2011年）は，廣松渉や平田清明らによるマルクス物象化論の解釈を検討し，同氏独自のマルクス物象化論の解釈を提示している。同氏はマルクスが商品論，そのなかでも価値形態論で展開した物象化論を検討し，同氏独自のマルクス物象化論の解釈を展開している。そのなかでも議論の中心は「人格の物象化」と「物象の人格化」の解釈に置かれている。しかし，マルクスの物象化論の中心的概念である「生産諸関係の物象化」および「社会的諸関係の物化」の概念の検討はあまりなされていないように思われる。以上が同書の全体的な印象である。

　同氏のマルクス物象化論の解釈で疑問と思われる点は，同書においてマルクスの「物化」の概念が正当に位置づけられていないように思われることである。この点は，例えば次の文に見られる。

「商品生産関係においては直接的な人格的結合が断ち切られているがために，物が物象として社会的力を獲得し，人格の社会的関係が物象の社会的関係として現れる。これが物象化である。それゆえ，俗説のように，ほんらい関係の中ではじめて帯びるに過ぎない物の社会的属性をその物じたいの属性として『取り違え』ることを物象化と呼ぶのではない。マルクスはそのような『取り違え』のことを『物神崇拝』と呼ぶ。『物神崇拝』は物象化の結果にすぎない。」（同書187-8頁）

　たしかに「俗説のように，ほんらい関係の中ではじめて帯びるに過ぎない物の社会的属性をその物じたいの属性として『取り違え』ることを物象化と呼ぶのではない」が，それは同氏が主張するように「物神崇

拝」でもない。というのは，「この"取り違え（Quidproquo）"によって，労働生産物は商品に，すなわち，感性的でありながら超感性的な物，または社会的な物に，なる」（MEW Bd.23, S.86）とマルクスが言うように，この「取り違え」は，労働生産物が商品となること，すなわち物が社会的な物としての物象となることを指しているからである。したがって，この物象化からは直接的に「物神崇拝」は生じない。この物象化が物化に転化すること，すなわち物象化が，「物が本来的に社会的自然属性を有するものになること」〔これがマルクスの言う「物化」である〕としてとらえ直されることによってはじめてそこから「物神崇拝」が生じるのである。「物神崇拝」とは，労働生産物が商品となるとともに，価値という商品に内在する社会的性質が物としての商品の自然的性質と癒着し，社会的性質が自然的性質と「取り違え」られ，前者が後者となる，すなわち社会的関係が物化することによって生じるのである。すなわち，マルクスの商品における物象化論においては，物化は物象化と物神崇拝を媒介する役割を担っているのである。この商品におけるマルクスの物象化論で「物化」の概念が果たす役割を正しく評価していない点で，同氏によるマルクス物象化論の解釈は正確ではないと言わなければならない。

b 平子友長のマルクス物象化論解釈の検討

同氏は「21 世紀におけるマルクス『資本論』150 年記念シンポジウム」（2017 年 9 月 16 日）の報告論文「『資本論』における物象化・物化・疎外— マルクス唯物論の基本概念—」[(1)]のなかでマルクスの物象化論解釈を提示している。このなかで同氏は「物化」を「物象化」の神秘性がより進展した段階ととらえて，次のように述べている。

　「このように人格と人格との社会的関係が物象と物象との社会的関係へと転倒する（転倒した現象形態をとる）ことを物象化と呼ぶ。物象化とは，社会的関係の次元が人格から物象へとずらされることである。社会的関係の次元がずらされることによって，さらに，私的労働の社会的性格は物 Ding としての物象に内属する社会的自然性質

gesellschaftliche Nastureigenschaft として現象し，物象はこの社会的自然性質を生まれながらに（それゆえ物象相互の社会的関係の外部でさえも）持っている自然性質として現れる。物象の社会的関係規定が物の社会的自然性質へと転倒し，それによって社会的関係の隠蔽と神秘化がもう一段昂進することを狭義の物象化と区別して物化と呼ぶ。」（同論文 1-2 頁）

上の議論によると，物化は物象化よりも「神秘化」が一段亢進した段階と見なされているが，私見によれば，物化は物象化と同じ事態を別様に表現したものである。このことは商品論におけるマルクスの次の言葉によく表わされている。

「商品形態は，人間にたいして，人間自身の労働の社会的性格を労働生産物そのものの対象的性格として，これらの物（Dinge）の社会的自然属性として反映させ，それゆえまた，総労働にたいする生産者たちの社会的関係をも，彼らの外部に存在する諸対象の社会的関係として反映させるということにある。」（MEW Bd.23, S.86）

この引用文において，「人間にたいして，人間自身の労働の社会的性格を労働生産物そのものの対象的性格として，これらの物（Dinge）の社会的自然属性として反映させ」る，とは人間労働の社会的性格が物の社会的自然属性として反映されることであるかぎりでは，物化である。そしてこの物化は，マルクスによれば，「総労働にたいする生産者たちの社会的関係をも，彼らの外部に実存する諸対象の社会的関連として反映させるということ」であるかぎりでは，すなわち，生産者たちの社会的関係が彼らの外部に実存する諸対象の社会的関連として反映されるかぎりでは，物象化である。したがって，物象化と物化は同じ事態を別様に表現しているだけである。というのは，物象とは社会的な物であり，したがって，「物象」という概念そのものには，人間の社会的諸関係が物に対象化されている，すなわち物象化されているという意味がすでに

含まれている。他方，物化とは，何が物化されているかは表わされておらず，必ず「社会的諸関係の物化」という表現で用いられる。だが，この「社会的諸関係の物化」とは「生産諸関係の物象化」と同じ事態を表わしていることは明らかである。

　以上をまとめれば，物化が物象化と同じ事態を表わしているのは，第1に，先のマルクスの引用文において，「人間自身の労働の社会的性格を労働生産物そのものの対象的性格として，これらの物（Dinge）の社会的自然属性として反映させ」ること〔物化〕が，「総労働にたいする生産者たちの社会的関係をも，彼らの外部に実存する諸対象の社会的関連として反映させるということ」〔物象化〕と言い換えられていることから明らかであり，第2に，『資本論』における用語法において，「社会的諸関係の物化」は「生産諸関係の物象化」と同じ事態を表わしていることからも明らかである。第2点の理由を補足すれば，「物象」という概念は「社会的な物」という意味を含んでいるので，そもそも「社会的諸関係の物象化」という表現は，「社会的なものの社会化」という不合理を伴う不合理な表現であり，そういう意味ではこの表現は「生産諸関係の物象化」または「社会的諸関係の物化」という表現に改めざるをえない，ということになる。このような私の見解は，先の佐々木氏の見解の検討の中で展開した「物象化の物化への転化」という主張と矛盾するのではないかと疑問視されるかもしれないが，この転化は概念の上での転化であり，事態の捉え方の変化であり，事態の神秘化の亢進という客観的な変化ではない。

　以上の理由で，物化を物象化よりも神秘化が亢進した段階であるとの平子氏の見解はマルクス物象化論の解釈としては正確ではないと考える。

第2節　マルクスの疎外論の理論的内容と諸説の検討

（1）貨幣論における「広義の疎外論」

　マルクスは，経済学研究をはじめた『経哲草稿』において，すべての経済学的カテゴリーを疎外された労働と私的所有の概念の展開として叙述すると宣言していた。そして「ミル評註」においても貨幣関係の基礎に疎外された労働が存在すると考えていた。このような見方は，中期マルクスの経済学研究においても引き継がれていった。それは，要点だけを示せば，貨幣を外化された労働の所産であるとする観点である。この見方が典型的に現われている『経済学批判』においては，それは次の言葉に表わされている。

　　「彼〔フランクリン〕は，交換価値に含まれている労働を，抽象的一般的労働として，個人的労働の全面的外化（allseitigen Entäusserung）から生じる社会的労働として展開しなかったから，必然的に，貨幣がこの外化された労働（dieser entäusserten Arbeit）の直接的な存在形態であることを見そこなった。」（MEGA Ⅱ/2., S.134）

　この文には次のような論理が隠されている。貨幣は，商品に内在する価値が自立した存在を得ることによって出現したものであるが，価値の実体は抽象的一般的労働である。そして抽象的一般的労働は，個人的労働の全面的外化によって生じる社会的労働である。この意味で社会的労働は外化された労働であるが，貨幣はこの外化された労働の直接的存在形態である。ここでは「疎外」という概念は使用されていないが，疎外概念の類語である「外化」の概念が使用されている点で，ここで展開された理論は「広義の疎外論」と見なすべきである。この理論はすでに『経済学批判。断片』において現われていたが，それはまだ商品流通論として展開されたに過ぎなかった。それがさらに発展した形態で表わさ

れているのが「1861〜63年草稿」である。この「草稿」においては，「広義の疎外論」は次のような表現に表わされている。

　「したがって，私的労働は，直接，それの反対物として，社会的な労働として，表わされなくてはならない。このような転化された労働は，その直接の反対物としては，抽象的一般的労働であり，それゆえまた，この抽象的一般的労働は一つの一般的等価物でも表わされる。このような労働の譲渡（Veräusserung）によってのみ，個人の労働は，現実に，それの反対物として表わされるのである。しかし，商品は，それが譲渡されるより前に，このような一般的表現をもたなければならない。個人の労働を一般的労働として表示することの必然性は，一商品を貨幣として表示する必然性である。」(MEGA Ⅱ/3.4, S.1322)

　私的労働は，労働の譲渡によって，それの反対物，すなわち社会的労働に転化するが，社会的労働は一般的労働であり，したがって一般的等価物で表わされる。だから，この表現においてはじめて一般的等価物という概念が登場する。これは貨幣の商品としての規定である。この概念の登場によって貨幣は，商品の価値形態の最高の発展形態として価値形態論から導出されることになる。つまり貨幣は「広義の疎外論」ではなく「物象化論」から理論的に導かれるのである。その論理の転換を示しているのが「草稿」における次の一文である。

　「諸矛盾が出てくるのは，商品生産の基礎のうえで私的労働が一般的労働として表わされるということ，人格と人格との関係が物と物との関係として表わされるということからであって——これらの矛盾は，事柄の言語的な表現のなかにではなく，事柄のなかに存するのである。」(Ebd., S.1323)

　ここにおいて「私的労働が一般的労働として表わされるということ」

が，「人格と人格との関係が物と物との関係として表わされるということ」と言い換えられていることに「広義の疎外論」から「物象化論」への転換が象徴的に表わされている。これ以降，貨幣の成立は，マルクスによって物象化論から説かれていることは，これまでの議論で見てきたとおりである。

（2）資本の理論における疎外論

a「貨幣の資本への転化」論における疎外論

貨幣が資本へ転化するためには，商品市場に「二重の意味で自由な労働者」が存在しなければならない。第1の自由は，封建制の人格的束縛からの労働者の解放，すなわち労働者の人格的な自立化である。これは商品生産の発展によって可能となった。第2の自由は，直接的生産者，すなわち農奴などの労働者が土地を主とする生産手段から分離されることである。この自由をマルクスが労働条件からの労働者の疎外と呼んだことは，これまでの議論で明らかにされてきた。ここでマルクスが生産手段からの労働者の分離を「疎外」と呼んだのは，両者が分離していない状態を「本来の在り方」であると考えたからにほかならない。しかし，この「本来の在り方」という言葉が表現している状態は，決して観念のなかにしか存在しないものではなく，資本主義的生産様式以前の生産様式に現実に存在していたものである。したがって，疎外論がこの「本来の在り方」という想念と不可分であるかぎり観念論のそしりを免れないとする議論は成り立たない。むしろ，疎外論は，封建的生産様式までの生産形態において存在してきた生産手段と直接的生産者の結合状態が解体されたことを「労働諸条件からの労働者の疎外」と表現することによって，両者の分離に基づく資本主義的生産様式の否定的側面を浮き彫りにし，その歴史的止揚の必然性を示そうとしたのである。その意味で「労働諸条件からの労働者の疎外」という表現における「疎外」の概念は批判的な概念である。

b「絶対的剰余価値の生産」論における疎外論

資本主義的生産における疎外は，労働の疎外として現われる。労働の

疎外とは，第1に，労働がつくりだした産物，労働生産物が労働そのものに「疎遠に（fremd）」になる，すなわち労働そのものに外的になる，具体的には労働者にとって労働生産物が自分のものではなくなる，言い換えれば，他人の所有物になることを意味する。第2には，労働過程において，それ自身が労働の対象化すなわち労働生産物である生産手段が労働そのものに対して対抗する力をもって相対することを意味する。労働疎外の基本的事態はこの第2の意味における労働疎外にある。

では労働過程において生産手段が労働そのものに対して対抗してくるのはなぜなのか。それは，生産手段が，資本主義的生産の成立の前に労働者から分離・疎外されていたことに起因している。つまりこの分離・疎外が原因となって，生産手段が資本家の所有物となるので，労働過程においても生産手段は資本家の所有物として資本家を代表する存在として現われる。資本主義的生産においては，このように生産手段は資本家という人格の物象化であり，資本家を代表するものとして労働者に対抗するのである。

この生産手段のもつ労働者に対する支配力をマルクスは「他人の労働および剰余価値に対する法律的権原および強制的権原」（MEW Bd.23, S.329）と呼んでいる。他人の労働に対する法律的権原とは他人の労働に対する所有権原であり，それは生産手段の資本家の所有物への転化に基づいている。労働者の労働が資本家に領有されることによって，それ自体が労働の産物である生産手段も資本家の所有物となるので，生産が繰り返されれば，この関係も継続する。したがって，資本主義的生産関係が存続すれば，労働者に対する生産手段の支配も存続することになる。

以上をまとめれば，絶対的剰余価値の生産においては，労働者にたいしてそれ自体が労働の生産物である生産手段が労働過程で対抗する力として相対する。これは労働疎外であるが，それは生産手段が資本家の所有物に転化したことによって生じる労働者に対する生産手段の法律的権原によるものである。したがって，絶対的剰余価値における労働疎外はいまだ形式的なものに留まると言ってよいだろう。

c「相対的剰余価値の生産」論における疎外論
（ⅰ）労働の実質的疎外

　相対的剰余価値の生産の主要な様式は機械制大工業である。機械制大工業においては，道具に代わって機械装置が労働手段として採用される。それにともなって，労働過程は機械の運動過程に転化する。そして労働者の作業は機械の動きを監視することに限定される。要するに，これによって労働者は機械の動きに従属するようになる。労働者は機械の手足になるのである。この事態は，道具を使用する熟練労働者に存在した技能が疎外されて機械に対象化された技術に転化したことに起因する。ここにおいて労働過程は労働者の技能の発揮であることをやめ，技術的過程に転化し，機械の物理的運動という形態を取る。したがって，機械制大工業においては，単に機械が資本の所有する生産手段であるかぎりで労働に対して法律的権原を有するために，労働疎外が生じる〔労働の形式的疎外〕だけでなく，技術を体現した機械に労働が従属することによって，労働手段への労働の従属，すなわち労働の疎外は，技術的現実性を獲得する。これは労働の実質的疎外である。

（ⅱ）労働者の精神的能力の疎外

　機械に体現した技術は，技術学という科学の応用である。技術学は，分業によって複雑労働がさまざま単純労働に分化された結果，複雑な手の作業が簡単な物理的運動の有機的な構成に体系化された結果として誕生した。したがって，技術学という科学には，マニュファクチュアを担った熟練労働者に存在した精神的能力——相異なる単純な作業を複雑労働として統一するのは労働者の精神的能力である——が疎外されて，相異なる物理的運動からなる各種の工程の有機的な体系という技術学なる科学に対象化された。つまり，機械装置においては，労働者の精神的能力は疎外されて，技術学という科学のうちに独立した存在となった。このように労働者の精神的能力の疎外とその結果としての科学の労働者からの独立化は，生産条件の労働者からの分離・疎外に由来する，つまり労働者からの労働諸条件の疎外と同じ系列に属するのである。

207

d 疎外論と貧困化論

　労働者は，資本主義的生産の成立以前においても，また資本主義的生産そのものの過程においても，労働手段から分離されている。ところが，労働は人間が生存していくために必要な自然との物質代謝を行なうための手段であり，労働する人間，すなわち労働者から労働手段が奪われることは，労働の成果としての生活手段〔生活必需品〕を奪われることであり，必然的に労働者は貧困化せざるをえない。

　さらに労働力と貨幣の交換という資本主義的生産の成立に不可欠な条件を観察すれば，労働者の貧困化がよりいっそう明らかとなる。労働者は貨幣と交換に自己の労働力を資本に譲渡するが，労働力とは人間の唯一の創造力である。人間の労働力は，これまでの歴史的な発展を通じて，人間の肉体的生存に必要な生活必需品を超える消費手段を創造することができるまで増大してきた。このような労働力を資本に譲渡することによって，資本は人間の創造力を自由に使用する権利を取得する。これによって資本家は，労働者が自己の肉体的生存に必要な労働時間〔必要労働時間〕を超えて労働を延長するか，または労働の生産力を向上させて必要労働時間を相対的に短縮することによって，剰余労働時間を増加させ，その剰余時間を搾取することによって剰余価値を取得しようとする。この剰余価値は資本家にとっては，投資した資本に対する剰余価値の割合という形で利潤として現われるが，彼らは生産において利潤を最大化しようとする。そうすれば，労働者の労働力の対価である労賃は肉体的生存あるいは動物的生存を不可能としない最低限まで低下させられる。資本家がこのように賃金を最低の水準に低下させることができるのは，労働者から労働手段が奪われて，自己の労働力しか所有しない無所有の人間に化してしまったからにほかならない。これが労働の疎外が労働者の貧困を必然的にもたらすという論理，労働疎外論によって導出される貧困化論の論理にほかならない。

e 労働疎外論と技術的疎外論

　機械を労働手段とする機械制大工業における労働者の疎外，すなわち労働疎外は，機械において技術的現実性を獲得することはすでに述べ

た。この労働疎外を技術的疎外と名づける立場がある[2]。これは、技術そのものに疎外の原因があるとする立場である。しかしこの立場は支持しがたい。というのは、この見方は、機械という労働手段において労働手段の資本としての社会的性格〔「死んだ労働」として価値を体現しているという性格〕が機械に体現した技術と癒着しているというその歴史的特殊性を見ることができず、これらの癒着した両側面を分離して見ることができないからである。機械そのものとそれに体現した技術それ自体が疎外の原因に見えるのは、労働過程が価値増殖過程の手段として行われているからである。すなわち機械が資本主義的に利用されているからである。したがって、労働過程が価値増殖過程の手段として行われていることと機械の資本主義的利用は不可分の関係にある。機械が資本家の私有財産ではなく、社会的財産であるならば、機械を使用する労働者は個々のバラバラな労働者ではなく、社会的労働者である。機械を使用する主体が機械を所有する主体であれば、機械は労働手段として使用され、労働過程における主体は機械ではなく労働者である。機械制大工業の登場によって、生産過程は科学の技術学的応用に変化したが、この変化は、機械が資本家の所有物ではなく、社会的所有物に転化しても、維持され発展させられるだろう。

（3）諸説の批判的検討

疎外論に関する研究は1960年代以降から存在し、1970年代にも海外の翻訳書が次々と出版されてきた。ここではそれらの研究は紙幅の都合で扱うことはできない。そこで2000年以降に出版ないしは発表された研究における疎外論の扱いを検討する。その一つは物象化論的視角からマルクスの疎外論を批判的に論じている佐々木隆治氏の『マルクスの物象化論』であり、もう一つは最近たてつづけにマルクスの疎外論の研究を発表している田上孝一氏のデヴュー作である『初期マルクスの疎外論』で展開された疎外論把握――「疎外」概念を記述的概念としてだけでなく規範的概念としてもとらえる――を検討する〔以下、敬称は省略する〕。

a 佐々木隆治の疎外論把握の検討

同氏によるマルクスの疎外論の把握は，同氏の次のような言葉のうちに典型的に現われている。

「マルクスの疎外概念とは『実践的・批判的』構えにおいて叙述された自らの理論において，つまり，疎外概念はそれじたいが理論的探究の対象ではなく，理論的探究の結果明らかになった実践的地平を指示する，すなわち理論において実践的解決はありえず理論的分析によって明らかになった変革可能性を現実において実践しなければならないことを示す概念であり，理論と実践の境界に位置する概念なのである。(3)」

「その意味では疎外はそれじたいとしては理論の領域にではなく，実践の領域に属すると言えるだろう。理論の対象はあくまで疎外を生み出す現実的諸条件の分析にあるからである。(4)」

上の第1の文によれば，「疎外概念はそれじたいが理論的探究の対象ではな」いとされている。しかし，本書のこれまでの議論から明らかなように，疎外概念は，「労働諸条件の労働者からの疎外」という表現においては，農奴などの直接的生産者からの土地の収奪の結果としての労働者からの労働条件の疎外という歴史的事実が理論的概念として分析されており，明らかに「理論的探究の対象」となっている。したがって，疎外論は固有の理論的内容をそなえているのである。同時に，疎外概念は，歴史的事象の否定的側面を浮き彫りにすることによって，その事象の実践的な変革の必要性と必然性を示す。この側面から見れば，疎外概念は，たしかに「理論的分析によって明らかになった変革可能性を現実において実践しなければならないことを示す概念」ではあるが，だからといって，決して「疎外概念はそれじたいが理論的探究の対象ではな」い，とは言えない。このような疎外論把握では，一般に理論がある事態の解明によってその事態の構造を明らかにする説明的機能を持っている

だけでなく，その事態の構造が秘めている否定的な側面を浮きぼりにすることによってその歴史的止揚の必然性を明らかにするという批判的機能を持っていることが理解されない。したがって，このような疎外論理解では，一般に理論のもつ事態の解明的側面と批判的側面を統一的に把握することができない。

　確かに「理論の対象はあくまで疎外を生み出す現実的諸条件の分析にある」が，現実的諸条件の分析それ自体は，それらの諸条件を分析するための概念に基づいて行われなければならない。現実のある事態が「疎外」であると把握されなければ，それを生み出す現実的諸条件を見つけ出すこともできず，その条件の除去の可能性と必然性は明らかにされない。たとえば，資本主義的生産において労働手段としての機械が労働に対してそれを支配しそれに対抗する力として現われることを労働の疎外として把握しなければ，その原因が土地を主とする生産手段の労働者からの分離・疎外にあるという理解は得られない。それだけでなく，疎外論の実質的な理論的内容を認めないこうした疎外論把握では，この疎外された事態をなくすためには，生産手段の私的所有を社会的所有に置き換えることによって，生産手段と労働者の分離という「所有と労働の分離」を解消し，個人的所有を再建することが必要であるという実践的認識も得られない。したがって，疎外概念は，「理論と実践の境界に位置する概念」でもなく，また「それじたいとしては理論の領域にではなく，実践の領域に属する」のでもなく，むしろ実践を導き出す概念である。その意味では疎外論は実践的な理論である。同氏はこのような，理論が実践を導き出す批判的な役割を無視する点で，理論と実践の統一の重要性を軽視していると見なさざるをえない。

b 田上孝一の疎外論把握の検討

　ここでは疎外概念が，記述的概念だけではなく，規範的概念でもあるという同氏独自の疎外論把握の妥当性を検討する。同氏のこのような疎外概念把握は次のような文に典型的に現われている。

　　「ところで，このような見方〔『ドイツ・イデオロギー』において唯

物史観は疎外論を Aufheben したものだという見方〕の前提には，概念を専ら記述的概念としてとらえ，それゆえ理論を説明理論としてのみとらえていこうとする見方があるように見受けられる。……

しかし，こうした理論を専ら説明理論とみる見方では，疎外論に固有の理論的意義は把握できない。なぜならマルクスにとって疎外論とは，単に対象を科学的に説明するためのものとして構成されたのではなく，同時に対象の否定性と肯定性をはっきりさせ，否定的な現実に対するオルタナティブを提起するために構想された規範的な理論でもあったからである。[5]」

私見によれば，規範的概念とは，「自由」，「平等」ないしは「正義」というようなそれ自体に価値を有している概念なので，現実世界に実現させるべき理念であるような概念のことを指す。それに対し，説明的概念とは，例えば，「労働手段からの労働者の分離」という現実の事態の構造ないしは仕組みを説明する概念である。しかし，この概念が，「労働手段からの労働者の疎外」という概念に変われば，それは「労働手段からの労働者の分離」が「非本来的な」状態であると判断される。すなわち両者の分離は解消されて両者の結合が実現されるべきであるという必然性が「疎外」という概念で言い表わされる。つまり「分離」が「疎外」と言い直されることによって，「分離」が解消され「結合」が実現した状態が「本来的な状態」として観念的に思い描かれる。しかし，「分離」が「疎外」と言い直されたからといっても，この「本来的な状態」は観念的に存在しているのではなく，現実の歴史的な世界に存在した「状態」である。すなわち，労働諸条件が労働と結合していた状態は，資本主義的生産形態以前のさまざまな生産様式に存在していた。マルクスの「疎外」概念は，このような現実の歴史に関する認識に裏付けられている。したがって，「労働諸条件の労働者との再結合」という概念はそれ自体価値のある概念であり，規範的概念と言っても差し支えないが，「労働諸条件の労働者からの疎外」という概念は，両者の「分離」を廃棄すべき状態であることを指示する点で批判的概念であるというこ

とはできても，それ自体に価値が宿る規範的概念であるとは言えないのである。言い換えれば，「労働諸条件の労働者からの分離」という概念は記述的概念であるが，「労働諸条件からの労働者の疎外」という概念は記述的概念であるだけでなく批判的概念である。批判的概念とは，その概念のうちに現状の否定的側面を指示し，その廃棄の必然性を示す概念である。このような概念はマルクス主義理論の概念の中にはほかに存在しない。このような批判的概念として，「疎外」概念は，マルクスがヘーゲルから継承した「否定性の弁証法」にその根拠を有している。この弁証法の本質は，次のマルクスの言葉の中に表現されている。

「この弁証法は，現存するものの肯定的理解のうちに，同時にまた，その否定，その必然的没落の理解をも含み，どの生成した形態をも運動の流れのなかで，したがってまたその経過的な側面からとらえ，なにものにも怖れを抱くことなく，本質上批判的であり革命的であるからである。」（『資本論』第2版へのあとがき，MEW Bd.23, S.28）

この「否定性の弁証法」が本質的に批判的であるように，「否定性の弁証法」に理論的な根拠を有する「疎外」概念も，記述的概念であるだけでなく，批判的概念である。この点を見ることなく，「疎外」概念を「自由」や「平等」などと同様の規範的概念と見なして，マルクス主義を倫理学化する同氏の試みには賛成できない。

注
（1）出典：〈http://marxinthe21stcentury.jspe.gr.jp/wp-ntent/uploads/2017/06/tairakofull.pdf〉
（2）たとえば，中西吉則「社会構造とパーソナリティ——T. Parsons の分化論を中心に——」〈http://jsasa.org/paper/15_1.pdf〉に「技術的疎外（労働過程における労働者の生産活動における疎外）」（P.27）という表現がある。
（3）佐々木隆治，前掲書 255-6 頁。
（4）同上 237 頁。
（5）田上孝一『初期マルクスの疎外論——疎外論超克説批判——』時潮社，2000年，142 頁。

第8章　マルクスの物象化論と疎外論の区別と関連と諸説の検討

第1節　疎外論からの物象化論の分離過程

　物象化論はマルクスの経済学研究が始まった当初から存在していたのではなく，疎外論のなかに隠れていて，疎外論の衣をまとっていた。そうした状態が『経済学批判要綱』まで続き，物象化論は『経済学批判』の商品章においてはじめて明確な輪郭を表わすようになった。本節ではこの過程を簡単に振り返って，のちに考察する疎外論と物象化論の区別と関連を読者に理解していただくための前段階としたい。

（1）『パリ手稿』――疎外論の衣をまとった物象化論――

　『パリ手稿』においては，経済学的カテゴリーを「疎外された労働」と「私的所有」という二つの概念を軸に展開するという構想が示された。このため，資本関係だけでなく，商品・貨幣関係も「疎外された労働」の概念のもとで，すなわち疎外論によって分析された。こうして貨幣の歴史的出現の論理が次のように展開された。

　人間は商業の発達を通じて「社会的交通」を発展させてきた。この人間の生産物を相互に補完させている媒介的な活動が疎外されて，一つの物象の自然属性〔金と銀〕に転化されたものが貨幣である。この転化は物象化であるが，ここではこの物象化が人間の社会的活動が疎外された結果であると規定されることによって，物象化論は疎外論という衣をまとって現われている。

（2）『ドイツ・イデオロギー』――疎外論と物象化論の混在――

　『ドイツ・イデオロギー』においては，疎外の発生の歴史的要因が分

業の発生に求められ，分業によって人間自身の行為が疎外されて人間にとって疎遠な力となることが明らかにされる。そしてこの疎遠な力をマルクスはエンゲルスとともに，「物象的な力」と表現した。したがって，この論理においては疎外論と物象化論が混在していると言わざるをえない。さらに分業の内部では「社会的諸関係の自立化」が避けられないことが明言され，後の社会的諸関係の物象化の概念が先取りされているが，ここでは「物象化」という用語は使用されず，そのかわりに「自立化（Verselbstständigung）」という表現が用いられている。物象化論がまだ確立されていない証拠である。

（3）『経済学批判要綱』——疎外論と物象化論との混淆——

『経済学批判要綱』の貨幣章においては，物象化論はその輪郭を表わしつつあるが，物象化論は相変わらず疎外論に固有な「疎遠な（fremd）」または「疎外する（sich entfremden）」という言葉を伴って展開されている。それが典型的に現われている表現を次に示す。

「そして貨幣が社会的性質をもつことができるのは，諸個人が彼ら自身の社会的関連を，対象として疎外してしまっているからにほかならない。」（MEGA Ⅱ/1.1, S.93）。

この一文は，物象化論が同時に疎外論でもあるという主張を裏付けるためにしばしば引用されるが，『パリ手稿』や『ドイツ・イデオロギー』においては，物象化論が疎外論からいまだ分離していなかったことを考えれば，このように『経済学批判要綱』において物象化論が疎外論に固有な表現を伴って展開されていることは，物象化論がいまだ疎外論から分離されずに，それと混淆していることを示すと解釈するのが妥当である。

（4）『経済学批判。原初稿』と『経済学批判』——疎外論からの物象化論の分離——

　この二つの文献においては，物象化論が商品論において疎外論に固有の表現を用いないで展開されている。例えば，『経済学批判。原初稿』においては，それは次の言葉に現われている。

　「しかし，この〔社会的生産に参加する〕諸個人の相互に取り結ぶ諸関連（Beziehungen）は，物象と物象との社会的諸関連として現象する。」（MEGA Ⅱ／2, S.33）

　この言葉においては，商品生産における私的生産者の社会的関係が直接的に彼らの人格的関係においてではなく，彼らの生産物が商品となり，それらの商品という物象どうしの社会的関係として現象することが表わされている。この現象は商品における物象化に典型的なものである。『経済学批判』においては，これと同じ現象がより定式化されて，物象化の表現に典型的な形で以下のように表わされている。

　「交換価値を生み出す労働を特徴づけるものは，人格と人格との社会的関連が，いわば転倒させられて表わされること，つまり物象と物象との社会的関係（gesellschaftliche Verhältnisse）として表わされることである。」（Ebd., S.113）

　この文においては物象と物象との「社会的諸関連」は「社会的諸関係」と言い換えられている。つまりこの一文には，「社会的諸関連」という言葉は人格と人格との関係を表わすために用い，物象と物象との関係には「社会的関係」という言葉を用いるというこの当時の用語法が見られるが，後には両方の関係とも「社会的諸関係」という用語で統一的に表現されることになる。それはともあれ，こうして商品論において物象化論は確立されたと言ってよい。

他方，貨幣の理論的導出は，この段階においても，いわゆる「広義の疎外論」によって試みられていた。すなわち貨幣は商品の単純流通の成立から次のような論理によって理論的に導出されると考えられていた。つまり商品が流通するのは商品を生産する個人的労働が全面的に譲渡・外化されて，一般的社会的労働に転化し，それが一般的等価物に対象化して，この一般的等価物が独立した存在に転化したものが貨幣であるという論理である。この論理は次の表現によく示されている。

　「彼〔フランクリン〕は，交換価値に含まれている労働を，抽象的一般的労働として，個人的労働の全面的外化（allseitigen Entäusserung）から生じる社会的労働として展開しなかったから，必然的に，貨幣がこの外化された労働（dieser entäusserten Arbeit）の直接的な存在形態であることを見そこなった。」（Ebd., S.134）

　このように「広義の疎外論」から貨幣の出現の論理的必然性を導き出そうとする理論的姿勢は次の『61～63年草稿』において克服される。

（5）『61～63年草稿』
　　——物象化論による貨幣の理論的導出への転換——

　『61～63年草稿』においては，「広義の疎外論」による貨幣の理論的導出の試みはなお行われているものの，次の言葉のなかにマルクスの物象化論による貨幣の理論的導出への転換に向かう姿勢が現われている。

　「諸矛盾が出てくるのは，商品生産の基礎のうえで私的労働が一般的労働として表わされるということ，人格と人格との関係が物と物との関係として表わされるということからであって——これらの矛盾は，事柄の言語的な表現のなかにではなく，事柄のなかに存するのである。」（Ebd., S.1323）

　すなわち，「商品生産の基礎のうえで私的労働が一般的労働として表

わされるということ」という表現のうちには「広義の疎外論」が表わされているが，それが「人々の関係が物と物との関係として表わされるということ」と言い換えられていることには，「広義の疎外論」から物象化論への転換の姿勢が見られている。

（6）『資本論』——価値形態論による物象化論的な貨幣の導出——

『資本論』の価値形態論において，貨幣は商品の価値が論理的に辿る価値形態の進展——Ⅰ単純な価値形態，Ⅱ展開された価値形態，Ⅲ一般的な価値形態およびⅣ貨幣形態——から論理的に導出された。商品の価値の実体である労働ではなく，商品を物象と化す価値に視点を転換することによって，すなわち商品の物象としての側面に着目する物象化の視点に立つことによって貨幣を理論的に導出することが可能となったのである。このような視点の転換の過程を辿ることは本書の範囲外にあるが，その出発点は，先の引用文にあるように，「人格と人格との関係が物と物との関係として表わされる」ということから諸矛盾が出てくることにマルクスが着目したことにある。しかし，価値形態論は，物象化論の具体的展開であるから，私的労働者たちの社会的諸関係を物象的に覆い隠す役割を果たす。この点については，第6章ですでに指摘したとおりである。

第2節　マルクスにおける物象化論と疎外論の区別

（1）物象化論の地平

a 商品における物象化論の地平

　商品における物象化論は，私的生産者の社会的諸関係がそのまま彼らの人格的諸関係として直接的に現われないで，彼らの生産した労働生産物どうしの社会的諸関係として間接的に現われるという理論である。労働生産物がどうして関係を結ぶかというと，労働生産物にはそれらを生産した人間労働の一定の時間が価値の一定量に対象化されており，この

すべての労働生産物に共通に対象化されている価値が互いに関係を結ぶからである。労働生産物は使用価値を有すると同時にこのような価値を有する物として商品という物象である。

このように商品における物象化論は，私的生産者どうしの社会的諸関係の現われ方に関する理論であり，しかもそれが商品という物象と物象との社会的諸関係として間接的に現われることを理論的に明らかにした。さらに生産者どうしの社会的諸関係は，物象と物象との社会的諸関係として現われることによって，間接的な形態ではあるが，彼らの社会的諸関係の広がりをさらに発展させることが可能となった。つまり商品という物象どうしの社会的諸関係として現われることによってはじめて，生産者たちの社会的諸関係は発展することが可能となるのである。ここに生産者の社会的諸関係の発展形態としての商品間の物象的諸関係が成立する。したがって，商品における物象化論の地平は，生産者の社会的諸関係の物象化的な発展である。

b 貨幣における物象化論の地平

貨幣における物象化論は，生産者の社会的諸関係が対象化されている価値が貨幣という物において独立した存在を獲得し，それが社会的な力をもつ物象と化すことを明らかにした理論である。貨幣が社会的な力をもつのは，それがどんな種類の商品をも交換によって取得することができるからである。貨幣はこのような社会的力をもつものとして地上の神として崇められ，それ自体を蓄積することが人々の目的となる。このように貨幣が購買手段から目的へと転化することは，人間という主体と物という客体の本来の関係の転倒である。

また貨幣の出現によって，商品交換はW–G–Wで単発的に終わるのではなく，W–G–W–G–W–G–W……と無限に続くことが可能となり〔単純流通の成立〕，生産者どうしの社会的諸関係の発展は商品におけるよりも一段と広がる。このように貨幣における物象化は，社会的生産諸関係のいっそうの発展を可能としたのである。したがって，貨幣における物象化論の地平は，商品における生産者の社会的諸関係の発展とは質的に一段と高い生産者の社会的諸関係のいっそうの発展である。

219

c 資本における物象化論の地平

　商品における物象化も貨幣における物象化も，社会の剰余生産物の流通という生産の表層における社会的諸関係の発展を促すにすぎない。資本における物象化は，生活必需品を含む社会の全生産物の生産と流通に及ぶ現象である。この現象は，社会で行なわれる生産全体が商品生産として行われることによって，すなわち資本主義的な商品生産が成立することによって，生産が剰余価値という物象の創造を目的に行われるということである。剰余価値の創造は，貨幣が労働力と生産手段に転化し，労働過程を価値増殖の手段として行わせることによって可能となる。この転化によって貨幣は資本に転化する。資本における物象化は，したがって，資本という一定の歴史的な生産関係〔資本家階級と労働者階級の関係〕が非歴史的，すなわち永久的に存在する労働力と生産手段という素材的要素の関係として現象することとして現われる。それゆえ，資本における物象化は，人間どうしの一定の歴史的関係を素材的な関係に扮装させることによって，この歴史的関係を永続的なものに見せかける役割を演じる。このように資本における物象化は，資本という一定の歴史的関係を労働力と生産手段という素材的な関係として現象させることによって，資本主義的生産の歴史性を隠蔽し，それを永遠に存在する永続的な関係に見せかけるのである。

　しかし，資本における物象化は，労働の社会的形態を発展させる。それは具体的にはこうである。資本における物象化は，先ず労働の社会的形態によって創造された社会的労働の生産力を資本の生産力に転化する。そしてそれによって，特別剰余価値の取得を目的とすることで相対的剰余価値の生産が促進され，それを通じて資本の生産力が向上し，労働の社会的形態がよりいっそう発展させられる。一方，このような労働の社会的形態の発展によって，道具から機械装置への労働手段の発展とそれによる科学と自然力の無償の利用が可能になる。このように自然的要因と歴史の発展によってもたらされるあらゆる社会的要因を生産に導入することによって，資本は生産力をいっそう増大させるだけでなく，労働の社会的形態を発展させ，さらに流通の発展によって社会的諸関係

を一段と発展させる。このようなことが可能となったのも，生産の諸要素が価値をもつ物象と化したためである。というのは，より大きな利潤の取得という動機が資本主義的生産をさらに発展させ，これによって剰余価値の創造の源泉である労働力と生産手段という生産の諸要素のいっそうの増強が促されるからである。これによって資本主義的生産のもたらす生産力と社会的諸関係の広がりはさらに発展する。

しかし，他方で，貨幣の物象化においてすでに生じていた主体と客体の転倒は資本の物象化においてさらにいっそう発展する。というのは，資本主義的生産においては，労働過程が価値増殖過程の手段として行われることによって，労働者が労働手段を使うのではなく，労働手段が労働を使用するという主客の転倒状態が発生するからである。これは人間が物に使われることであり，本来の関係がさかさまになっている。これを「人格の物象化」と言い，逆にこれによって，労働者が，いまや人格という主体になった労働手段に使われる受動的な物象になるという「人格の物象化」がそれに対応して生じる。

以上が資本における物象化によって生じる現象である。これらのすべての現象は，生産の諸要素が価値をもつことによって貨幣関係で結合されることにより生じる。物が価値をもつとは，それらの物が社会的諸関係を結ぶことであり，これによってすべての生産の要素が貨幣関係という現象で現われる社会的関係に入る。このように労働者を代表する労働力と資本家を代表する生産手段という生産の諸要素が物象として社会的関係を結ぶことが資本における物象化である。したがって，資本における物象化論の地平とは，生産関係の当事者たる資本家と労働者の関係が労働力と生産手段の物象的諸関係として現象することおよびそれによる生産当事者の社会的諸関係の広がりと生産力のいっそうの発展である。

（2）疎外論の地平

商品論にはもともと疎外論は存在しない。貨幣論においては，『資本論』に至る前に，貨幣の理論的導出において「広義の疎外論」が用いられていた。すなわち，貨幣は，個人的労働がその全面的譲渡と外化に

よって一般的社会的労働へ転化し，それが一般的等価物に対象化され，さらにそれが独立した存在を獲得したのが貨幣である，との論理によって貨幣の理論的導出が試みられた。しかし，この論理は『資本論』における商品章の価値形態論にとって代わられた。したがって，貨幣論における「広義の疎外論」は放棄されたかまたは陰に隠れてしまったと言ってよい。

　本来の疎外論は資本の理論において展開される。貨幣が資本に転化するためには，「二重の意味で自由な労働者」が市場に見出される必要がある。すなわち，封建的生産形態に存在した人格的従属から解放されて人格的自由を得ると同時に，土地を主とする生産手段との結合状態から解き離れ，生産手段から分離されるという意味で自由となった労働者の存在が，貨幣の資本への転化に必要な歴史的条件である。この二重の意味の自由のうちの後者の自由，すなわち労働者の生産手段からの自由を，マルクスは否定的にとらえて「生産手段からの生産者の疎外」と表現したことはすでに再三述べた。これが資本における疎外論の第1の地平である。

　次に，既存の労働様式を価値増殖という目的のために採り入れて，そのもとで行なわれる労働過程で最初の労働疎外が発生する。この労働疎外は，生産手段と労働力が資本の所有の下にあるために，それ自体が労働の生産物である生産手段が資本の所有物として労働者に対抗してくることから，いいかえれば生産手段が資本家を代表する存在として労働を代表する労働者に対立するという敵対関係から生じるものである。ここで労働疎外の本来の意味は，労働がつくりだしたものが労働そのものあるいは労働者に敵対的に対抗してくるということである。絶対的剰余価値の生産段階におけるこの最初の労働疎外は，他人の労働および剰余価値に対する資本家の法律的権原によるものである。筆者はこれを形式的な労働疎外と呼ぶ。これが資本における疎外論の第2の地平である。

　最後に，相対的剰余価値の生産段階において，資本主義に固有な新たな生産様式が確立されて，そのもとで社会的な労働形態が発生したときに労働疎外が発生する。この疎外は，生産手段が労働に対抗して現われ

てくる形態が資本家の法律的権原によるものではなくて，最初は労働の全体機構〔マニュファクチュア〕として組織的に，次には機械装置という労働手段として技術的に現われる。マニュファクチュアにおいては，労働が分割され，個々の労働者は分割された労働，すなわち単純化された部分労働を担い，全体労働としての生産機構全体の手足となる。つまり全体労働の組織が個々の労働者に対して対抗してくる力となるのである。これは，個々の労働者たちが形作る全体労働という組織が個々の労働者に敵対して現われるという意味で，労働疎外である。さらに機械制大工業においては，労働過程は機械の運動過程に転化し，個々の労働者の作業は機械の運動にしたがってそれを監視することだけになる。機械装置を労働者が監視するという意味では労働過程は労働者の主導するものではあっても，生産は機械の運動からはじまり，労働者は機械の運動についていくだけであるかぎりでは，労働過程において労働者は機械に支配され，それに従属している。その意味で機械という生産手段においては，労働疎外は，生産手段が資本家の所有物であるということだけではなく，機械が労働手段であることによって生じてくるように見える。つまり，労働者が機械に支配されているのは，機械が資本家の所有物であるからではなく，機械という労働手段の形態そのものに原因があるように見えてくる。それは機械の導入が行われた当時に起こったラッダイト運動という機械打ちこわし運動によく現われている。しかし，機械そのものに疎外の原因があるのではなく，機械の資本主義的な利用に原因があるのである。ただし機械そのものに疎外の原因があるように見える現象は客観的に存在する。こうした疎外を筆者は実質的な労働疎外と名づける。これが資本における疎外論の第3の地平である。

（4）物象化論と疎外論の区別

　マルクスの物象化論と疎外論の基本的な違いについては，すでに第5章・第2節の（1）のbの末尾（124頁）と第5章の終わり（150頁）で詳しく述べた。そこで，ここではこれまで見てきた物象化論の地平と疎外論の地平から両理論の違いがどこにあるのかについて要約的に述べ

ることに留める。

　両理論の基本的な違いは，物象化論が生産における人間の社会的関係次元を扱うのに対して，疎外論は，それが労働という自然と人間の間の物質代謝を媒介する活動に現われる点を考えると，おもに自然〔物〕と人間の関係次元を扱う点にある。ただし，この自然〔物〕と人間の関係は，物をその所有者として代表する資本家と労働する人間を代表とする労働者の生産関係として現われる。そして物象化論が対象とする社会的関係が疎外論が対象とする生産関係と統一・結合されて存在する関係が社会的生産関係としての資本主義的生産関係なのである。

　さて生産諸関係の物象化は，人間どうしの社会的諸関係を創造し発展させるために通らなければならない必然的な段階である。生産諸関係は，それが社会的関係として物象化されなければその範囲を拡大することはできない。資本主義的生産関係は，それが地球上のどの地域にも発展し尽くすまでは，物象化されるのを止めないであろう。

　一方，労働の疎外は，第1には労働が土地から分離されることを意味するが，それによって労働そのものが自立化し，労働の社会的形態の形成と発展が可能となった。これが労働疎外の積極的側面である。その否定的側面は，労働のこの社会的形態が資本主義的生産様式と不可分離に発展せざるをえないがゆえに生じた労働の敵対的形態である。それは労働が労働そのものの作り出したものに支配されるという現象である。この疎外はまた，労働手段の自立的発展によって発生したものであり，その意味では労働の生産力の発展のために歴史が辿らなければならない必然的な通り道である。

第3節　マルクスにおける**物象化論と疎外論の関連**

（1）**物象化論と疎外論の第1の関連**

　両理論の第1の関連は，資本主義的生産の成立の歴史的条件に存する。それは「二重の意味での自由な労働者」の存在という条件である。

この場合，自由とは，第1に，直接的生産者〔農奴，職人など〕が封建制時代に存在した人格的束縛から解放されて人格的自由を獲得することである。この人格的自由の獲得とは，直接的生産者が人格的依存関係から解き離れて自立した所有者となることである。他方で，自由とは，第2に，直接的生産者が封建的生産様式の解体により，生産手段から分離されることである。農奴は土地の付属物として土地に癒着していたが，封建領主の土地所有の崩壊とともに，土地から投げ出されて，浮浪者となる。また同職組合〔ツンフト〕に所属して道具という生産手段を所有していた職人は，同職組合の解体とともに生産手段を奪われる。このように直接生産者は彼らの生産手段から分離される。これをマルクスは「生産者からの生産諸条件のこうした疎外（MEGA Ⅱ/4.2, S.649, MEW Bd.25, S.610）と呼んで，疎外と見なした。この第2の意味で自由な存在となったことによって，労働者は自分の労働力しか持たない無所有者となった。労働者は第1の自由，すなわち人格的自由を獲得したことによって，自立した所有者となったが，第2の意味で自由になったことにより，自分の労働力しか持たない無所有者になった。このような労働者こそ「二重の意味で自由な労働者」である。このような労働者に対峙するのが貨幣所有者である。彼らは労働者から奪われた生産手段を貨幣と交換に寄せ集め，生産手段の所有者となった。

　第1の自由，すなわち人格的自由を獲得した労働者は，自分が唯一所有している労働力を貨幣所有者に売ることによって生活手段を賃金の形で得ることができる。これによって生産手段の所有者である貨幣所有者は，工場で労働者の労働と生産手段を結合させ，商品を生産することによって剰余価値を取得することができるようになり，こうして彼らは資本家となる。これによって労働者と資本家は労働力と生産手段という物象どうしの関係〔労働過程におけるそれらの結合〕を媒介に間接的に社会的関係を形成する。この関係が資本主義的生産関係である。すなわち生産における資本家と労働者の関係としての資本主義的生産関係は労働力と生産手段の関係として物象化して現われる。そしてこれをもたらしたのは，労働者の第1の自由としての人格的自由であると同時に，第2

の自由としての労働者からの生産手段の分離・疎外であった。この点で資本主義的生産関係の成立に物象化と疎外が関与していることは明らかである。すなわち資本主義的生産関係は，労働者からの生産手段の疎外とそれによって可能となった人格的依存関係の物象的依存関係への転化の結果として成立したのである。

（2）物象化論と疎外論の第2の関連

物象化論と疎外論の第2の関連は資本主義的生産過程において現われる。それは，資本主義的生産過程において生じる主体〔労働者としての人間〕と客体〔生産手段としての物〕の関係の転倒が資本主義的生産過程の形態である価値増殖過程の面から見れば「人格の物象化」と「物象の人格化」として現われ，資本主義的生産過程の内容である労働過程の面から見れば労働の疎外として現われる，という点にある。まず労働過程から見れば，この過程は価値増殖のための手段として行われるために，労働者の労働〔生きた労働〕が生みだした労働手段と労働対象〔合わせて生産手段〕は価値をもつ物〔死んだ労働〕として資本家の所有物であり，そのようなものとして生きた労働に対抗してくる。この事態は，労働者の作り出したものが労働者に対抗して相対してくるという意味では，労働の疎外である。この疎外は労働過程で生じる事態であるが，その原因は労働過程が価値増殖のための手段として行われることにある。それは，労働に対する資本家の法律的権原によって生じる形式的な疎外として現われるだけでなく，労働手段への労働者の従属が機械という労働手段において技術的現実として現われることによって，実質的な疎外となる。

労働過程をその経済的規定から見る価値増殖過程の面からすれば，労働の疎外は「物象の人格化」であり「人格の物象化」である，すなわち物象化に固有の事態である。具体的に言えば，労働疎外において「生きた労働」に対抗してくる「死んだ労働」は生産手段であり，それは経済的規定からすれば資本家の私有財産という物象である。一方，「生きた労働」は主体としての労働者の労働力の発揮であり，労働者という人格

〔それは労働者の経済的規定である〕を代表する。したがって，「死んだ労働」が「生きた労働」に対抗してくるという労働の疎外は，価値増殖過程という労働過程の経済的側面から見れば，「死んだ労働」という物象が主体化して「生きた労働」という人格を支配し，労働者という人格が受動的な客体と化すことであり，その意味で「物象の人格化」である。それは同時に，労働者という人格が生産手段という物象に支配されるという意味で，人格が客体化し物象が主体化する「人格の物象化」でもある。このように，労働の疎外は，価値増殖過程という資本主義的生産過程の形態面から見れば，言い換えれば労働過程をその経済的規定から見れば，「人格の物象化」と「物象の人格化」という物象化に固有の現象である。このような意味で物象化と疎外は，資本主義的生産過程において起きる主体と客体の転倒を，一方はその形態から，他方はその内容から見たものであり，相互に密接に関連している。

　それでは最後に，物象化と疎外のどちらが根底的であろうか。この問題については以下のマルクスの言葉が参考になろう。

　「歴史的に考察すれば，この転倒〔＝主体の客体への転倒とその逆の転倒〕は，大多数の者を犠牲にして富そのものを創造し社会的労働の生産力を容赦なく生み出すことを強制するための，必然的な通過点として現われる。そしてこのような生産力だけが，自由な人間的社会にとっての物質的土台を形成しうるのである。このような対立的な形態を通過しなければならないのは，ちょうど人間がその精神的諸力（Geisteskräfte）をまずもって，自分から独立した力（Macht）として対立的に宗教的形態で形成しなければならなかったのと同じである。それは人間自身の労働の疎外過程である。この過程にあっては労働者は最初から資本家よりも高いところに立っている。というのも，資本家はこの疎外過程に根を下ろし，そこに自らの絶対的な充足を見いだすのに対して，労働者はこの過程の犠牲者として，最初からそれに対する反逆的な関係に立っており，それを隷従の過程として感じとるからである。」（MEGA Ⅱ/4.1, S.65）

マルクスは，この転倒〔主体の客体への転倒とその逆の転倒〕を労働者に対する資本家の支配が労働者に対して自立化した労働諸条件の，労働者自身に対する支配にほかならないないと認識することのうちに見る（Vgl.ebd., S.64）。すなわち，マルクス曰く，「実際，労働者に対する資本家の支配は，自立化した，すなわち労働者に対して自立化した労働諸条件の，労働者に対する支配にほかならない」（Ebd.）。その意味で，主客の転倒は，物に対する人間の支配という本来的な関係が逆転されて，人間にたいする物の支配，すなわち物象化として現象する[1]。ところがマルクスによると，この主客の転倒は「人間自身の労働の疎外過程」にはかならない。とすれば，この疎外は物象化として現象する，とマルクスはとらえたのである。したがって，物象化は労働疎外の現象形態であると言わねばならない。当然に本質である疎外は現象である物象化の根底にある。したがって，また現象をなくすためにはその本質を廃棄するしかない。ところで本質である疎外は，疎外であるがゆえに止揚されざるを得ない。というのも，この疎外においては労働者は犠牲者として反逆的立場に立っており，その意味で資本家よりも高い立場に立っているからである。すなわち，労働者はこの疎外を廃棄せざるを得ない立場に立っているのである。ここに疎外の止揚の必然性が論理的に明らかとなる。このように疎外の止揚の必然性が明らかとなってはじめて物象化の廃止も展望されるのである。

第4節　資本主義社会における物象化と疎外

　物象化論は，資本主義的生産関係，すなわち資本家階級と労働者階級との社会的関係が物象化されて，生産手段と労働力との物象的な関係として現われる（erscheinen）という理論である。このように人格と人格との社会的関係が物象と物象との素材的関係として現われることは，前者の実体である資本主義的生産関係を後者の素材的関係として現象させることによって，前者の歴史的，過渡的性格を隠蔽し，それを永遠に存在する関係と見せかける。実際，『資本論』以前の俗流経済学者などは

この「見せかけ」ないしは外観を真実であるとして疑うことなく，資本主義的生産関係を永遠化して弁護した。しかし，マルクスの物象化論は，生産手段と労働力との素材的関係が資本家と労働者の社会的関係が物象化したものと見ることによって，物象と物象との非歴史的な素材的関係のうちに資本家と労働者の関係という歴史的な生産関係が隠されていることを見いだした。これによって経済学者たちは物象と物象との表面的な素材的関係という現象しか見ることができず，その結果，当時の経済学は資本主義的生産関係を永遠化した。物象化論は，この意味において，『資本論』の経済学批判としての役割を担う理論であったと言ってよいだろう。このように物象化論は，現象の奥にある本質を示すという役割をも果たしている。

　それに対して疎外論は，物象化論が示した本質の内容を開示する。『資本論』第3巻において，「資本の疎外された性格」という言葉が「労働に対する資本の対立」と言い換えられている（Vgl.MEW Bd.25, S.396）ように，疎外は資本主義的生産関係における資本家と労働者の対立を表わしている。この対立の原因は，これまで述べてきたように，資本家の所有する生産手段からの労働力の分離・疎外に存する。この資本家による労働者の支配という形をとった敵対関係と生産手段からの労働力の分離・疎外は，資本主義的生産の繰り返しとそれによる資本の蓄積によって再生産されるだけでなく，資本主義的生産過程において生産手段が労働者に対抗して相対してくるという労働の疎外となって現われる。さらに機械制大工業においては，労働者の精神的能力は疎外され，機械に体現された技術学という科学に対象化される。

　こうして資本主義社会は，労働の疎外と生産関係の物象化が結びつくことによって，商品生産が全面化するとともに，労働者の搾取によって資本家が剰余価値を取得することのできる社会となったのである。

第5節　諸説の批判的検討

　ここでは2010年以降に出版・公表された文献に表わされたこの問題

に関する所説を検討したい。平子友長氏の前掲論文は最も新しい文献である。また張一兵『マルクスへ帰れ—経済学的コンテキストにおける哲学的言説』（中野英夫訳，情況出版，2013年）はマルクスの経済学研究の進展のなかで疎外と物象化の概念がどう扱われているかを包括的に研究しているので，最後に検討したい。

（１）平子友長の所説の検討

　平子氏は，前掲論文「『資本論』における物象化・物化・疎外—マルクス唯物論の基本概念—」のなかで「疎外は物象化・物化を前提する」（前掲論文12頁）と述べている。しかし，後の箇所では「疎外概念は，疎外過程に投げ込まれた労働者がこの過程それ自体に反逆的に関わらざるをえないことを含意することによって，物象化論を物象化された経済システム変革の歴史的展望へと架橋する方法的役割を果たしている」（同上26頁）と述べている。すなわち同氏は，疎外が物象化を前提すると言いながら，疎外概念のうちに物象化を廃止する可能性が存在すると考えている，と言わざるをえない。

　同氏は，「疎外概念は，……　物象化論を物象化された経済システム変革の歴史的展望へと架橋する」と言うが，資本主義的な経済システムが変革されるべきなのは，それが物象化されているからだけでなく，それが基本的には資本家階級と労働者階級が対立する敵対的な生産形態，すなわち疎外された生産形態にあるからなのである。しかもこれまで本書で述べてきたことから明らかなように，経済システムの物象化はその物象化されたシステム〔＝資本主義的な生産形態〕の本質である対立的な経済的形態，資本家と労働者の階級が敵対する経済的諸関係＝疎外された生産形態〔第8章第4節（230頁）参照〕に基づいている現象なのである。しかし，同氏の考えによれば，疎外は物象化を前提とするという。そうならば，物象化を廃止することによってはじめて疎外が無くなることになる。しかし，事態はまさにその逆である。すなわち同氏が言うように，「疎外概念は，疎外過程に投げ込まれた労働者がこの過程それ自体に反逆的に関わらざるをえないことを含意する」のであれば，労

働者の疎外とその自覚にこそ社会変革の可能性があると言えるのである。したがってまた，疎外を止揚することによって物象化も廃止され，物象化された社会システムも変革されるのである。それゆえに，むしろ物象化は疎外を前提すると言った方がいいのである。このことは，これまで何度も述べてきた両概念の関連からして明らかである。したがって，物象化概念のうちには物象化を廃止する必然性いや可能性すら存在しない。それに対し，疎外概念はそのうちに疎外と規定された事態を変革する可能性いや必然性が含まれている批判的概念である。この疎外概念が批判的概念である所以は本書で既に述べたので，ここでは詳論しない。したがって，疎外概念のうちに物象化された社会システムを変革する可能性が含まれているとするならば，疎外こそ物象化の前提であると言わねばならない。

（２）張一兵の所説の検討

張氏は，マルクスは1844年段階においては人間主義的な疎外論に立っていたが，『ドイツ・イデオロギー』においてはこれを超克して「史的唯物論」（前掲書447頁）を確立したという見方を取るが，廣松渉とは異なり，初期の疎外論が物象化論によって超克されたとは見なしていないように思われる。張氏によるマルクスの思想形成史の把握は以下の文に表わされている。

> 「1845年の思想変革では，彼〔マルクス〕は人間主義的な主体価値の論理を否定したが，その新しい出発点となったのは，広義の史的唯物論の中の一般的な物質的生産という客体的次元であった。……しかし，具体的な経済学研究に入っていった後，とりわけ『1857-1858年経済学批判要綱』の研究において，彼は，物質的生産から出発して一般的な社会の歴史の基盤を論述することは正確なことではあるが，生産から出発して，無数の顛倒・事化の媒介によって構成される複雑な資本主義的生産関係に立ち向かおうとする時には，かえって経済学が超えることのできないヴェールを生み出すことに気付き始めたの

である。客体的次元に立って資本主義を批判することだけでは，資本の世界の中の社会関係という倒立像を真に解明することはできないというわけである。そこで，マルクスは，再び物質的生産における主体的労働活動という観点から出発せざるをえなくなり，再びその歴史現象学的批判を科学的かつ歴史的な主体的次元に基づいたものにせざるを得なくなったのである。旧ソ連のダビドフも，この問題に注目し，マルクスのここでの経済的疎外の概念と過去の労働疎外史観は異なるものであると，正確に説明している。しかし，彼の分析には経済学的テキスト解読の深さが欠けている。

次に，マルクスは，歴史現象学構築の初期にすでに，交換価値から貨幣に至る現象学的批判の中で，社会関係の事物化〔「物象化」と同じ意味—筆者〕と顛倒という理論的な発見をしていたが，資本と労働という深層の本質的関係においては，それを，事物化と顛倒の規定性を現実に生み出している社会関係の自己対立性として正確に位置付けることは依然としてできなかった。ここから，科学的な関係性の疎外の規定が出現するであろうことは，必然的であり正常なことであろう。しかし，マルクスがここにおいて，経済学と歴史現象学の中で再度使用した科学的な疎外概念は，人間主義的な疎外史観とは異なっており，とくに，ここで使用した労働疎外の規定と『1844年手稿』で使用した労働疎外の論理の間には根本的な異質性があるのである。」
(同上 653-4 頁)

張氏がマルクスの物象化論と疎外論の関連をどのようにとらえているか，あるいは物象化と疎外の概念の関連をどのように把握しているかは，彼の著書『マルクスへ帰れ』全体を読んでもつかみきれない。というのは，彼は同書において両理論または両概念を関連付けて論じていないからである。上の引用文は，唯一それらの関連を張氏がどうとらえているかを知ることができる文章である。

それによると，前半の文章では，「顛倒・事物化の媒介によって構成される複雑な資本主義的生産関係」は経済学を超えた主体的な労働疎外

という次元で把握せざるを得ないことが言明されている。しかし、顛倒とは資本主義的生産における主体と客体との転倒を意味し、それは物象化に固有の現象である。それを主体的な労働疎外の論理で把握しようとするのは、物象化と疎外を同一視していることになりはしないか。たしかに物象化と疎外は同一の事態を異なる視点から見たものであるので、関連しているのであるが、それがどのように関連しているのかは、それらをいったん区別してからでないと分からない。張氏が、資本主義的生産関係の客体的側面を物象化と把握し、それは主体的側面としての労働疎外の論理に立ってはじめて批判的に扱うことができるという『要綱』におけるマルクスの理論的到達点を明らかにした点は評価できる。しかし、資本主義的生産関係の物象化の側面の意味を正確に説明していないという点で、物象化と疎外の区別を明確にできていない。したがって両者の関連も分からないままである。

　後半の部分については、資本主義的生産の深層に物象化がどのように現われるかという正当な問題提起をし、この深層における顛倒に労働疎外が関与していることを確かにつかんでいる。しかし、『要綱』における疎外概念が1844年における人間主義的な疎外概念とは異なり、科学的概念であると見なしていることは、疎外概念の実証主義的な把握であり、支持できない。いずれにせよ張氏は物象化と疎外の関連に立ち入ることができていないという点で限界があると言わざるをえない。

注
（1）物象化の事態を表わすときにマルクスは「現われる」と訳されるerscheinenという動詞をしばしば用いるが、この動詞の名詞形がErscheinung〔「現象」と訳される〕である。以下を参照。「それゆえ、生産者たちにとっては、彼らの私的諸労働の社会的諸関連は、そのあるがままのものとして、すなわち、人格と人格とが彼らの労働そのものにおいて結ぶ直接的に社会的な諸関係としてではなく、むしろ、人格と人格との物象的諸関係および物象と物象との社会的諸関係として現われる（erscheinen）のである。」（MEW Bd.23, S.87）

あとがき

　筆者は本書を書き上げる前に,「マルクスの物象化論と疎外論の区別と関連について」と題した論文〔未発表〕を書き,その過程で両理論の関連がどこにあるかについておよその見当をつけた。つまり物象化は「死んだ労働」が「生きた労働」を支配するという主体─客体関係の転倒にあると考えていたが,マルクスの資本論準備草稿を読み進めていたときに偶然,「死んだ労働」が「生きた労働」から疎外されている,という表現に出会い,それがヒントとなり,もしかしたらこの疎外が物象化の根底にあるのではないかと考えるようになった。このような見込みをつけてマルクスの草稿を研究していくうちに,最初に,物象化は疎外を媒介する役割をしているのではないかと考えるようになった。次には,物象化は資本主義的商品生産社会を含む商品生産社会に共通する現象ではないかという前から抱いていた考えから,物象化は経済的形態規定と不可分な関係にあると想定するに至った。さらに商品・貨幣が,資本が実体であるのに対して,単なる形態にすぎない,というようなマルクスの言葉を『資本論』に見いだして,この「形態」という言葉が経済的形態規定と何らかの関連があると考えた。他方で,「形態」と言えば,価値増殖過程が資本主義的生産の形態面であることを思い出し,物象化が疎外を価値増殖過程から見た現象ではないかと予想した。そして「経済的」という言葉が「金銭的な売買関係」を表わしていること,すなわち物象化が経済的関係と関連した現象であることに着目し,「人格」も「物象」も主体と客体の経済学的表現なのではないかと考えるようになった。こうした予想を確かめるためにマルクスの草稿をもう一度研究するうちにこの予想が正しいことを確信するに至った。これが本書を書くまでに筆者が辿った思考と研究の過程である。

　次にこれからの筆者の研究の展望について一言述べておきたい。本書を書く準備過程で,筆者は物象化と疎外に関する海外の〔主に西欧の〕研究状況を知るようになった。そこで分かったのは,西欧における物象

化論の研究がルカーチの『歴史と階級意識』における物化論に大きく影響されていることである。それだけでなく，同書で展開された物化論と疎外論がフランクフルト学派の思想傾向を大きく規定していることに筆者は気づいた。ただしルカーチは同書の 1967 年の新版の序文で同書におけるいわば「ヘーゲルかぶれ」を自己批判し，晩年は美学と「社会的存在の存在論」の執筆に専念した。ここでルカーチはマルクス主義の新たな哲学的基礎付けを試みたと言ってよい。しかし，西欧マルクス主義はルカーチの自己批判にもかかわらず，彼の初期の著作で展開された物化論と疎外論の影響から脱することができないままでいる。マルクスの初期から後期に至る草稿が次々と公表されてきているにもかかわらずそうなのである。そこでマルクスの初期から後期に至るまで一貫して存在する物象化論的な見方と疎外論を発掘し，これらを現代の情況に適合するような形態で再興することができれば，それはフランクフルト学派に代表されるヘーゲル主義化した西欧マルクス主義を乗り越えるきっかけをつくることにつながるのではないかと考えることも可能であろう。筆者は，このような考えのもとに，今後は本書で明らかとなったマルクスの物象化論と疎外論に基づいて，主にルカーチの『歴史と階級意識』で展開された物化論と疎外論の批判的検討とそれに基づくフランクフルト学派の物化論と疎外論およびその思想傾向全体の批判的検討を研究の柱としたい。

　最後になるが，前著に続いて本書の刊行にあたりお世話になった社会評論社の松田健二氏に心から感謝したい。

長島　功

2018 年 3 月吉日

人名索引
――［マルクスを除く］――

アドラツキー　76
アリストテレス　81
アルチュセール，ルイ　64
岩淵慶一　70, 73, 75, 76, 77, 78, 85
ウェーバー，マックス　4
エンゲルス，フリードリヒ　21, 61, 71, 72, 83
工藤秀明　63
グリューン，カール　80
佐々木隆治　198, 199, 209, 210, 213
シスモンディ　144
芝田進午　184
スミス，アダム　12, 37
シュティルナー，マックス　80
シュトラウス，デヴィッド　79, 81
平子友長　101, 198, 199, 200, 202, 230
田上孝一　184, 209, 211, 213
ダビドフ　232
チェスコウスキー　66
張一兵　230, 231
テンニエス，フェルディナンド　91
トラシ，デステュット，ド　37
長岡豊　102
中西吉則　213
中野英夫　230
バウアー，ブルーノ　81, 82
ビュレ，ウージェヌ　22, 23
平田清明　198
廣松渉　56, 73, 75,76, 77, 78, 79, 85, 161, 184, 198
フォイエルバッハ，ルードヴィッヒ　13, 39, 48, 52, 53, 54, 55, 60, 61, 64, 65, 66, 67, 68, 69, 74, 79, 80, 81, 83, 84
フランクリン，ベンジャミン　111, 203, 217
ヘーゲル，フリードリヒ　13, 16, 17, 18, 52, 56, 57, 58, 59, 60, 65, 67, 68, 74, 76, 79, 81, 82, 84, 235
ペクール，コンスタンタン　22
ヘス，モーゼス　66, 85
ベンサム，ジェレミ　48

ホッブス，トマス　15
ミリガン，マーチン　67
ミル，ジェームス　25, 28, 33, 35, 37, 40, 41, 45, 55, 67
ミル，ジョン，スチュアート　48
メサーロシュ，イシュトヴァン　102
望月清司　63
ラーピン，N，ニコライ　20, 63
ルカーチ，ジェルジ　4, 235
ルソー，ジャン・ジャック　15
レーニン　150
山本哲士　198
ワイデマイヤー　74, 76, 78

著者紹介

長島　功（ながしま・いさお）

哲学研究者、社会主義研究家、翻訳家。バイオハザード予防市民センター事務局長。
東京唯物論研究会会員。
1950年生まれ。1983年広島大学大学院地域研究研究科修了。国際学修士。公私にわたり故芝田進午に師事。
専攻：哲学、経済学、環境社会学。

著書論文その他

翻訳書：クリムスキー他著『遺伝子操作時代の権利と自由』（緑風出版、2012年）、『芝田進午遺稿集―バイオ時代と安全性の哲学』（編訳、桐書房、2015年）。著書：『マルクス疎外論の射程』（社会評論社、2016年）。論文：「日本共産党の原子力政策の批判」（『労働運動研究』復刊第30号、2011年12月）その他多数。

マルクス「資本論」の哲学
物象化論と疎外論の問題構制

2018年8月30日　初版第1刷発行

著　者＊長島　功
発行人＊松田健二
装　幀＊桑谷速人
発行所＊株式会社社会評論社
　　　　東京都文京区本郷2-3-10　tel.03-3814-3861/fax.03-3818-2808
　　　　http://www.shahyo.com
印刷・製本＊倉敷印刷株式会社

マルクス理論の再検討と再生のために

森田成也／著
マルクス剰余価値論形成史
定価＝本体 2,800 円＋税／ A5 判 296 頁

井上康・崎山政毅／著
マルクスと商品語
定価＝本体 6,500 円＋税／ A5 判 584 頁

田上孝一／著
マルクス哲学入門
定価＝本体 1,700 円＋税／ A5 判 136 頁

石河康国／著
向坂逸郎評伝
上巻 1897〜1950　下巻 1951〜1985
各定価＝本体 4,000 円＋税／ A5 判上巻 432 頁、下巻 416 頁

福本勝清／著
マルクス主義と水の理論
アジア的生産様式論の新しき視座
定価＝本体 3,400 円＋税／ A5 判 398 頁